教育の原理

子供・学校・社会をみつめなおす

紺野　祐
泉山靖人
大迫章史
小池孝範
清多英羽
吉植庄栄
奥井現理

学術出版会

はしがき

　本書は、教職課程に組み込まれている「教育原理」などの科目のテキストとして、大学や短期大学、専門学校などの授業で使われることを想定して書かれています。同時に、現在、教育や学校に突きつけられているさまざまな課題・問題の一部を、それらに関心のあるすべての人に紹介することも、役割のひとつと位置づけています。

　とはいえ、いわゆる「教育原理」などの科目のテキストとして、こうした方針をもつ類書は数多くあります。それにもかかわらず、なぜ執筆者たちがあえて本書を刊行するに及んだか、その背景を以下に少し述べておきます。

- 「すべての人に教育は必要である。」
- 「教育を受けないで育ってきた人はいない。」
- 「人間は教育によって、はじめて人間となることができる。」

　教育と人間との強固な、また原初的な結びつきを示唆するこうしたことばは、教職課程や教育学入門のテキストの中で、しばしば教育の原理を考察する際の出発点や前提として据えられてきました。

　いまこの文章を読まれているみなさんは、基本的には教育や学校に一定の関心をもっているはずです。そうであれば多くのみなさんが、教育や学校の意味と機能を基本的には承認しながら、上にあげたことばの趣旨におおかた賛同することでしょう。しかし、言うまでもないことですが世の中は狭くも均質でもありません。そもそも教育や学校の問題に関心を示さない人たち（＝本書を手にとることもない人たち）が、これらのことばに対してどういう態度を示すか、少し想像してみてください。

　学校の教員やわが子と向き合う親、あるいは地域で活躍する指導者など、それぞれの立場で、教育や学校に関心をもつ人はもちろん少なくないはずです

(少なかったら私たちはたいへん困ります)。その一方で、世の中のすべての人が、教育や学校の意味を深く理解し、その意義を積極的に認めながら関わっているわけではないこともまた、疑いようのない現実です。とすると、教員や親、あるいは地域の指導者たちが教育を営む多様な場面で出会うのは、教育や学校に対してポジティブに向き合う子供たちだけではないのです。

　私たちは、そうした子供たちから、教育や学校なんてあってもなくても同じじゃないか、むしろ学校がなくなればすっきりするのに、いや、教育なんていっさいゴメンだ、などと詰め寄られる可能性すらあるのです。それなのに私たちは、そのようなときにも、「人間には教育が必要なんだよ」「教育を受けないと人間らしい人間にはなれないからね」などと紋切り型の応答をするだけで十分なのでしょうか？　子供たちにそうした説得が通用しないとすれば、そこにはどのような理由が考えられるのでしょう？　またその場合、私たちはどう行動したらよいのでしょうか？

　「教育原理」などの科目のテキストが世にあまたあるなかで、私たち執筆者が本書をまとめた理由はここにあります。つまり本書は、最終的には、これらの困難な問いに対して十分な手応えのある答えを探しだしたいのです。教職課程や教育一般の価値と意義を信じている人たちだけでなく、それを信じていないにもかかわらず教育の当事者であらざるをえない人たちにも理解してもらえるように、教育や学校の現実と可能性を明らかにしたいのです。本書の執筆者は、これらの課題に取り組むことこそが、教育の理念や教育に関する歴史・思想、また教育に関する社会的・制度的・経営的な事項を読み解くことのリアルな意味であると考えています。本書をきっかけとして、みなさんが教育一般ならびに学校教育についての「教育の原理」を、より根本的なレベルから考え抜くことになれば、執筆者にとってこれにまさる喜びはありません。

　本書の前身である『教育の現在――子ども・教育・学校をみつめなおす』は、読者のみなさんが教育一般や学校教育について自ら考えるための材料や方法を提示するという意図のもとに、平成20（2008）年にはじめて出版されました。

はしがき

　それ以来10年を経ましたが、その間教育関係の法令や小・中・高等学校の学習指導要領などが大幅に改正・改訂され、また実施されつつあります。これを機会に、執筆者は、これまで読者のみなさんから寄せられました貴重なご意見の数々をもとにして、本書をより適切な「教育原理」などの科目のテキストとするために、新著としてまとめることを試みました。しかし今回の新著によっても、なお不十分なところが多々見いだされるかもしれません。これについては、さらに読者のみなさんのご叱正をたまわりたいと考えています。

　なお、このたびの新著刊行の要望をこころよく受け入れてくださった（株）学術出版会、またひきつづきていねいな編集を担当くださった高野愛実さんには、この場をお借りして、心より感謝の意を表したく存じます。

　平成31年2月

執筆者一同

目　　次

はしがき………………………………………………………………… 1

序章　教育に関することば
 1　教育………………………………………………………………… 9
 2　学校………………………………………………………………… 13
 3　人間形成…………………………………………………………… 16

第1章　「教育を必要とする子供」という意識の来歴
 1　近代の教育観誕生までの流れ…………………………………… 19
 2　「生まれながらに善いもの」とする子供観とその教育……… 23
 3　「生まれつき善くないもの」とする子供観とその教育……… 26
 4　「教育を必要とする子供」……………………………………… 28

第2章　学校の誕生とその発展
 1　古代世界の教育と学校…………………………………………… 34
 2　中世の学校──近代的な学校の誕生以前……………………… 35
 3　ルネサンス、宗教改革、産業革命、そして公教育の胎動…… 38
 4　近代的な学校の誕生──「教育を必要とするヒトという見方」の定着… 46

第3章　公教育の黎明と受容過程──日本の学校教育の歴史（1）
 1　近代教育前史──近代との連続と非連続……………………… 57
 2　義務教育制度の始まり…………………………………………… 61
 3　公教育制度の発展………………………………………………… 64
 4　第一次・第二次世界大戦時の公教育…………………………… 73

第4章　教育改革の動向と背景──日本の学校教育の歴史（2）
1　終戦直後期の教育制度・教育課程……………………………………77
2　経済復興・成長期の教育制度・教育課程……………………………81
3　生涯学習時代における教育制度・教育課程…………………………88

第5章　教育に関する法規
1　法規における教育の目的と目標──日本国憲法・教育基本法………99
2　法規における学校教育の目的と目標──学校教育法と学校教育関連諸法規……………………………………………………………………108
3　法規における社会教育・生涯学習……………………………………113

第6章　教育に関する制度と教育をめぐる諸動向
1　教育を受ける権利と義務教育制度……………………………………124
2　教員をめぐる制度………………………………………………………126
3　教育行政の働き──文部科学省・教育委員会の機能とその役割……131
4　近年の教育制度改革──学校制度を中心に…………………………134
5　新しい教育の試み………………………………………………………135

第7章　生徒指導上の諸問題と教員の現在
1　生徒指導上の諸問題──いじめ・不登校の現在……………………143
2　生徒指導上の教員の課題──体罰・学級がうまく機能しない状況……149
3　教員の向き合う環境──保護者対応と部活動………………………156

第8章　「教育を必要とする子供」の現実
1　さまざまな人間形成……………………………………………………166
2　「学び」の機能と意味…………………………………………………169
3　学びと人間形成…………………………………………………………173
4　学校における子供の学び………………………………………………176

目　次

終章　「教えること」の意味と公の教育への期待
　　1　「教える」ことの意味……………………………………………184
　　2　「教える」ことと公の教育………………………………………189

図出典一覧………………………………………………………………195
参照資料…………………………………………………………………197
索引………………………………………………………………………219

序章　教育に関することば

　これから教育一般および学校教育の営みを考察していくにあたり、教育に関連することばの主要ないくつかについて、その概念をあらかじめ明確にしておくことは有効だろう。
　そこで本章では、「教育」「学校」「人間形成」の3つのことばについて、その概念を規定する。

1　教育

　人類の「教育」の歴史はおそらく1万年以上におよび、これまで多様な社会・文化の中で多彩に取り組まれてきた。現在のわが国においても、学校や家庭はもちろんのこと、社会のさまざまな領域でも教育の営みが認められる。
　以下では、それらの多種多様な営みをできるかぎり包みこむことができるよう、またこれまでの教育に関する諸研究の範囲を大きく踏み越えないように留意しながら、教育の概念を規定してみたい。その際、「教育」とそれに類似した概念とのちがいをできるだけ明確にする。
　なお、以下では便宜的に、教師や親などに代表される相対的に年長で成熟した存在を「大人」、また児童や生徒、わが子などの年少で未成熟な存在を「子供」と記述する。

　教育とは、子供の人間形成を意図的・合理的にサポートしようと働きかける営みである。その営みは、当の子供の人間形成において人間としてのよりよいあり方・生き方が実現することを願う、利他的な思いから行われる。

①子供の人間形成に関わろうとする営みであること

　教育というと、とかく学校での授業の場面を思い浮かべがちである。だが、そのイメージは狭すぎる。

　学校の授業ではふつう、教師が学習目標にもとづいて多様な活動を組み立て、子供はその計画に沿って知識やスキルなどを学習するという時間を積み重ねていく。だが、こうした授業の終末に確認テストをし、その結果クラスの全員が期待されるレベルの点数をとったからといって、そのことだけで教育が果たされたといえるわけではない。教育という営みが最終的にめざしているのは、実際にはもっと別の次元でのことである。

　たとえば、わが国の教育基本法第1条には、「教育の目的」として次のように書かれている。「教育は、人格の完成を目指し、平和で民主的な国家及び社会の形成者として必要な資質を備えた心身ともに健康な国民の育成を期して行われなければならない」。この条文によれば、教育の究極的な目的は「人格の完成」であり、また必要とされる資質・能力がそなわった「国民の育成」である（第5章1（2）を参照）。つまり、教育という営みが関わろうとするのは、大人による働きかけを介して学習された価値ある知識やスキルなどをもとに、子供が時間をかけながら望まれる「一人前の大人」になることである。教育とはいわば、子供の将来的なあり方・生き方をよりよいものにすべく、その子の人間形成の全体に関わろうとする、壮大な営みなのである。

　ということは、子供の教育に関わる当事者は、子供に直接教授する教師や保護者に限定されない。質の高い教育をめざして学校などの施設を運営したり、その基盤となる法令や制度などを整備したりといった、子供のよりよいあり方・生き方に関連したさまざまな要素を整える組織的な活動も、社会における教育の営みを構成していると考えてよい。ようするに教育においては、子供の人間形成をよりよいものとすべく力を尽くしている、社会のさまざまな領域の人びともまたその当事者であるといえる。学校の教師は、この意味では、子供のよりよい人間形成にかける社会の期待を担って、「エージェント」（主体性をもった代理人）として活動しているのである。

たしかに未成熟な子供であっても、できなかったことがいつの間にかできるようになったり、自分なりに試みながら当の生活環境の中で適切に行動できるようになったりする。私たち人間はだれしも、自然な発達と自立した学習によって、生活環境に合わせて主体的に人間形成を遂げていく自律的な存在なのである（本章「3　人間形成」を参照）。

　ただし人間の場合、大人は子供の人間形成をその子自身に任せておかない場合がある。大人は、子供の人間形成につながる自立的な発達や主体的な学習の豊かな可能性を認めつつも、その子の人間形成をよりよい方向・より高いレベルに向けてサポートするべく、積極的に介入しようとすることがある。教育は、子供の人間形成に対する、大人によるそうしたさまざまな働きかけによって成り立っている。

②意図的・合理的な営みであること
　教育は意図的に営まれるが、その意図の向かう先が、子供の人間形成上の目的、およびそのステップとなるようなさまざまな目標である。教育の目的・目標になるのは、わが国の教育基本法第1条および第2条からも明らかなように、究極的には人間形成の上で実現が望まれる、当の生活環境での「一人前の大人」に求められる価値あること、よさである。もちろん、人間形成の上で実現が望まれる価値やよさは、文化・社会によって異なることがある。したがって、教育の目的・目標にこめられる価値やよさの中身も、文化・社会によって多様でありうる。

　ただし、それらの目的・目標を意味づけて設定しているのは、ほとんどの場合大人である。大人が教育の目的・目標に込めた価値やよさも、当の教育に向き合う子供の自律的な取り組みにおいて、そしてその子の主体的な人間形成の中で、大人からすると間接的に実現される可能性をもつにすぎない。

　だからこそ大人は、教育において、価値ある目的・よき目標の実現の可能性を高めることに効果的な内容や方法、あるいはそれらを組み合わせた計画といった、教育上のさまざまな手立てを合理的に講じる必要がある。そのために

は、教育する大人の側には前もって、子供（教育の対象・学習の主体）や文化・社会（教育の意味および内容、システム）、また大人自身（教育の意義・役割）などについての適切な理解が求められる。さらに、授業場面に代表されるように、教育的に働きかける中でも、大人の行為が子供の状態の変化にどのように・どの程度影響しているかなどについて、的確な認知や評価を欠くことができない。その意味で、子供の発達段階と文化・社会の状況によっては、直接には教えないことでその子の学習と人間形成に関わろうとする教育も十分に考えられる。

　他方で、教育の目的・目標に込められる価値やよさが、大人による教育的な働きかけなしに、子供の主体的な人間形成において自立的に実現することもある。大人による教育の有無やその内容・質にかかわらず、期待されるような「一人前の大人」への人間形成が子供自身の発達と学習だけで引き起こされることがある現実も無視できない。こうした人間形成はもちろん、教育の成果であるとはいえない。

③利他的な思いにもとづく営みであること

　教育は、ここまでで明らかなように、長い時間と多様な物理的・心理的労力をかけながら、また社会の少なくない資源を投入しながら、多くの大人たちの手によって営まれるものである。ただし、子供という他者を対象とした教育の営みが、教育する大人自身にどれほどの直接的な利益をもたらすかは、実ははっきりしない。にもかかわらず大人たちは、子供の教育という営みをよりよくしようとする努力を怠らない。つまり子供の教育という営みは、子供が価値ある学習を介してよりよく人間形成することを願う、大人のそうした思いに導かれているのである。そしてこのような大人の思いが最終的に向かう先が、子供がよりよく人間形成した結果得られるはずの、「一人前の大人」としてのよりよいあり方・生き方であるといえる。

　わが国の教育基本法において究極的にめざされているのは、子供の「人格の完成」であり、またさまざまな資質・能力をそなえた「国民の育成」である。前者は近年一般に、子供が教育を通して、私たちの文化・社会の中で自己実現

を果たすことを意味するといわれる。また後者では、教育を介して文化・社会のよりよきメンバーとなり、他の人びとと協力しながら文化・社会を継承し、またよりよいものへと創造することが求められている。そして人間が社会的な動物であるかぎり、以上の2つの要素はけっして独立したものではない。文化・社会によって比重はさまざまであるが、そのいずれもが古来、よりよくあり、生きる「一人前の大人」にとって重要な、しかも相補的に関わる要素とされてきた。教育という営みは、他者である子供における、そうした将来的なよりよいあり方・生き方の実現をサポートしたいのである。教育はその意味で、原理的には利他的な志向をもった営みである。

　もちろん、大人によるこうした教育的な働きかけに対して子供がどのようにふるまうかは、ある程度自律的な行為主体である子供自身の自由にゆだねられている。その意味で、教育は大人の意図と思いからはずれ、いわば失敗することもある。しかしそれでも教育する大人は、たとえ権力的にであれ、他者である子供に対して教育の働きかけをせずにはいられない。教育する大人としては、子供が教育により学習し人間形成した結果として、将来的に人間としてのよりよいあり方・生き方を実現してほしいと願わずにはいられない。

　子供に向かうこうした利他的な思いを捨てるとき、子供を相手とする大人の働きかけは、大人自身の実際的な利益（給与や周囲からのよい評判など）をめざすことになる。だが私たちは、そうした活動を「教育」とよぶ必要はない。教育は以上の点で、知識やスキルを客へのサービスとして切り売りし、その対価を得るだけの経済的な取引や、特定の企業の思惑に沿った人材育成、あるいは人格を無視した洗脳によるテロリストの養成などとも明確に区別されるべきだろう。

2　「学校」

　「学校」の歴史は「教育」のそれより短い。国民のほとんどが通学し、一斉授業の形態をとる、いわゆる近代型の「学校」にかぎっていえば、せいぜい

200年ほどの歴史である。「教育」が営みの内実を指す用語であるのに対して、「学校」はその内実を遂行する場として規定される。現代において「学校」は世界中に存在し、さまざまな教育目標を掲げている。以下では、先の「教育」の定義にもとづき、それを遂行する場としての「学校」の定義を規定する。

　学校とは、教育目標を達成するための教育課程が設定され、教師が児童・生徒に対して意図的・合理的に教育的な活動を行う、有形無形の場である。

①教育目標と教育課程
　教育が意図的に営まれるならば、教育という営みは目標をもたなければならない。当然、この教育が行われる場である学校もまた組織として教育目標をもたなければならない。学校の教育目標は、公教育にかぎれば、法令等に表された教育の理念にもとづいて、教師など学校の経営者によって最終的に立てられる。
　教育課程（カリキュラム）は、教育目標を達成するために教師によって設定され、定期的に更新される。それは教育を学校において遂行するための全体計画である。具体的には、教科・科目の配列と内容、授業時数等の計画などを指す。なお、文部科学省の定める「学習指導要領」は、学校がその教育課程を編成するための基準である。
　なお、一般に、学校における教育課程（カリキュラム）は教師や児童・生徒に対してあらかじめ明示されるが（顕在的カリキュラム）、彼らが自覚していない次元で影響力をもつ潜在的カリキュラム（隠れたカリキュラム）の存在も指摘されている。その例として、好みの色の強制など男女の性差に関する事柄などがある。

②教師と児童・生徒
　学校には一般に、教育する立場にある教師と教育される立場にある児童・生徒とが在籍している。学校における教育内容に関して、教師は、知識の量・質や身につけている技術・技能の巧拙の点で、児童・生徒より成熟している。そ

の成熟の度合いを担保するために、たとえば、現代の先進諸国においては国家による教員養成のシステムがとられ、そこでは教員免許の取得が義務づけられるとともに、常勤の教員として従事するためには教員採用試験に合格しなければならない。反対に、児童・生徒は教師よりも相対的に未成熟である。したがって、学校で教育を受けることによって、知識や技術・技能の面で成熟することをふくむ人間形成が彼らには期待される。

③有形無形の場

　学校とは、教師が児童・生徒に対して意図的・合理的に教育的な活動を行うとともに、児童・生徒がそれに即して適切な学習・人間形成を行うことを期待される、有形無形の場である。現代にいたるまで学校は、教師と児童生徒にとってさまざまな活動の場として機能してきた。この意味で、学校は、校舎や校庭、体育館等の空間的な広がりのある有形な場として特徴づけられる。ただし、現代では、情報通信機器を活用した通信制の学校やインターネット上のサイバースペースにおける学校が開設されており、これらについては無形な場として特徴づけられる。

　なお、現代日本では、幼稚園、小学校、中学校、義務教育学校、高等学校、中等教育学校、特別支援学校、大学および高等専門学校が、学校教育法第1条に定められた、公の性質を有する学校（一条校）とされる。この場合、公の性質とは、学校運営の費用を国や地方公共団体が一部もしくは全部負担することによって、学校がその属性に応じて任意の制限を公的な組織から受けることに起因する。いわゆる公教育は、国による公の規制を受けており、次のような特性をもつ。それは、全ての国民に開かれた教育を、国民自身が保障するのではなく、国家が保障すること（義務制、中立制、無償制。第5章を参照）であり、これを根拠にして国家が学校における教育内容について一定以上の主導権を握るということでもある。

3　人間形成

　相対的に未成熟な子供は、時間をかけて、さまざまな経験をもとに成熟した大人になっていく。教育とはようするに、子供から大人へと成長していくこうしたプロセスに積極的に関わろうとする営みである。したがって教育の営みを意義あるものとするためにも、教育が関わろうとする「人間形成」の概念を的確にとらえておく必要がある。

　人間形成とは、もっとも広い意味で「未成熟な子供」が「一人前の大人」に向けて成長する現象である。この現象は、発達のプログラムの自律的な展開とともに、生活環境のさまざまな人・モノや出来事と関わることで起こる学習によって成り立っている。

　ここで「一人前の大人」とはさしあたり、自立して自律的に行動しながら、しかも生活している社会的な環境で必要な役割を一定程度こなすことにより、適応的に生活することができている状態の人、くらいの意味で理解しておこう。具体的には、自分のやりたいことを実現しながら自立して生活を送るとともに、生活環境の中で仲間や社会、文化とつながり、そこで求められる多様な役割を自律的にこなすことができる人、というほどの存在と考えておきたい。私たち人類の歴史の中では、こうした大人たちの働きにより、当人が帰属する社会や国家、文化が維持され発展していくとともに、生物種としての世代の継承が実現してきたとみられる。

　さて、人間以外の動物の場合、未成熟な子供が一人前の大人になるには、他の大人個体から積極的な教育を受ける必要はない。生まれてからすぐに人間のもとに引き取られたネコも、人間のもとでひとりでに成熟し、それなりに大人のネコになる。ネコの成熟には、自前の発達のプログラムと生活環境での自律的な学習の働きだけで十分だということである。それでは、人間の場合はどうであろうか。

のちに本書の全体を通じて明らかになるだろうが、実際には人間の場合も他の動物と大きなちがいはない。人間の未成熟な子供もまた、人間ならではの発達のプログラムに応じて、生活環境のさまざまな人・モノや出来事と関わり、そのことで多様な学習を成立させることができる能力を豊かにそなえている。だから未成熟な子供であっても、その時々の発達段階において、生活環境の中でさまざまな人・モノや出来事から影響を受けたり、それらと相互に作用しあったりしながら、その社会・文化に適応した行動様式が形成されていく。つまり子供はふつう、本人が意識しているかどうかを問わず、その生活環境にふさわしい「一人前の大人」へと成長していくのである。ようするに、人間の子供もまた、大人とくらべて相対的に未成熟ではあっても、その生活環境で自律的に生きていこうとし、また実際にそうなることができる主体的な存在なのである。私たちの祖先も、それぞれがこうした人間形成を果たしながら、この歴史と文化を積み重ねてきたのだろう。

　つまり人間形成とは、自らの発達のプログラムを自律的に展開させながら、生活環境の中で関わるさまざまな要素をもとに学習することで生じる、人間の成長上の出来事のことである。この視点からすると、子供の人間形成にとっては、大人という他者による意図的で積極的な教育の働きかけもまた、その子の生活環境における膨大な関連要因のひとつにすぎないとすら考えられるだろう。みなさんも、みなさんのこれまでの人間形成が、すべて大人たちによる意図的で合理的な教育のおかげであったとはいえないことを再認識するはずである。

　なお、こうした人間形成を引き起こすとみられるさまざまな要因は、現実には人間の一生涯にわたって見いだされる。したがってそれらの要因によって、どのような年齢段階の人間であれ自らのあり方・生き方をあらたなかたちで作りあげていく可能性をもっている。人間形成もまた、つねに「未成熟な子供」の立場から「一人前の大人」をめざすことによって、人間の一生涯をかけてなし遂げられるはずである。

第1章 「教育を必要とする子供」という意識の来歴

　人間を他の動物から区別する特質とは何だろうか。現生人類の学名となっている「ホモ・サピエンス（知性をそなえたヒト）」だけでなく、「ホモ・ファーベル（道具を使い工作するヒト）」「ホモ・ルーデンス（遊ぶヒト、遊戯人）」「ホモ・レリギオーソス（宗教的ヒト）」等々、さまざまな人間の定義がなされてきた。こうした人間の特質を表すことばの1つに、「ホモ・エドゥカンドゥス（教育を必要とするヒト）」がある。そのことを端的に表すものとして、カントによる「人間は教育によってはじめて人間となることができる」ということばがしばしばとり上げられる（本章3を参照）。こうした人間の特質をとらえたさまざまな人間観は、私たちの生活を振り返ってみると納得できるものだろう。
　しかし、「教育」なしでも大人になっていた「教育のない時代」もあったし、また、現代でも「教育のない世界」も存在している（第8章を参照）。とすると、私たちが当たり前だと思っている「ホモ・エドゥカンドゥス（教育を必要とするヒト）」という人間観は、ある時代以降の、ある特定の条件の下での人間観にすぎないということになる。では、いつの時代から、どんな条件の下で人間と教育の関係が密接なものとなっていったのだろうか。
　この章では、教育と人間との関係を思想史の面から確認した上で、教育に対する代表的な見方について、その背景にある社会との関わりをふまえながら確認してみよう。

1　近代の教育観誕生までの流れ

　現代に生きる私たちは、「ホモ・エドゥカンドゥス（教育を必要とするヒト）」とする人間観を自明の前提とし、とくに成長の途上にある「子供期」において、教育は必要不可欠であると考えている。しかし、こうした人間と教育との関わ

りを不可分のものとして捉える人間観・子供観は、近代以降に確立されたものである。フランスの歴史家アリエス（1914-84）は、中世の社会では、子供を大人や少年から区別する意識や、子供が固有な性格をもつとする子供期という概念が存在していなかったことを指摘する（第8章を参照）。では、近代にいたるまで「子供」はいかなる存在だったのだろうか。古代ギリシア時代から、近代の子供観、人間観の成立までを大まかにたどることを通して確認してみたい。

（1）古代ギリシアの子供観

古典時代のアテネにおいて子供は知的、道徳的、身体的に弱い存在であると捉えられており、それゆえ、「子供期」は憧憬の対象ではなかったとされる。ただし、古代ギリシアにおいて、教育が軽視されていたわけではない。プラトン（427B.C.-347B.C.）は、『国家』第7巻の中で理想国家における教育プログラムを提示し、7歳ごろから始まり50歳以降の哲学をしながら政治に関わる時期までの、いわば「生涯学習」の必要性を示したり、少年時代の学習は強制されてはならないことを提示したりしている。プラトンのみならず、古代ギリシアの思想の中には、現代的視点から見ても優れた教育思想を見いだすことができるし、また、古代ギリシアの都市国家の1つであるアテナイでは、イソクラテスの「修辞学校」やプラトンの「アカデメイア」等の「学校」での教育もなされていた。さらに、修辞学校やアカデメイアの学びの伝統は、のちのヨーロッパの中等教育の基礎となる自由七科の理念へとつながっているという点で、現代にまでつながる教育の萌芽が存在していた（第2章1を参照）。

しかし、プラトンの教育論は『国家』において、その弟子アリストテレス（384B.C.-322B.C.）の教育論も『政治学』において論じられているように、教育は国家のあり方に付随したものであった点や、当時の「学校」は、労働から解放されて自由な立場にあった「市民」（のみ）が、自由な時間（scholē＝余暇・閑暇）を使って教育される場であったという点で、現在の教育とはその背景が大きく異なっている。したがって、ギリシアでの教育は、私たちがイメージする「子供のため」の教育とはかなり異なった目的をもったものであった。

(2) 中世の人間観・子供観と教育思想

　中世の思想は、キリスト教の影響を強く受けているが、『旧約聖書』と『新約聖書』では異なった子供観が示されている。『旧約聖書』では、「人が心に思い図ることは、幼い時から悪い」、あるいは、「愚かなことが子供の心の中につながれている」など、いわゆる性悪説的な子供観が示されている。それゆえ、「むちを加えないものはその子を憎むものである、子を愛する者は、つとめてこれを懲らしめる」といった教育観が示されている。一方、『新約聖書』では、「……神の国は幼な子の国である。……誰でも幼な子のように神の国を受け入れる者でなければ、そこに入ることはできない」、あるいは「心をいれかえて幼な子のようにならなければ、天国に入ることはできないだろう」のように、いわゆる性善説的な子供観が示されている。したがって、『聖書』における子供観は、両義的な意味をもっているといえる。

　ただし、中世の子供観は、基本的に性悪説的な傾向を帯びている。というのは、中世のキリスト教が基本的に「全人類は生まれながらに罪を負う」とする原罪説をとっていたからである。原罪説は、アダムとイブが神の意志に反して、木の実を食べた咎により、罪と死がこの世に到来したとされる『旧約聖書』の内容にもとづいている。こうした原罪説的人間観にもとづいた代表的な人間観・子供観、教育観を、「キリスト教史上、最大の思想家」とも位置づけられるアウグスティヌス（354-430）にみてみたい。アウグスティヌスは、『告白』において、神のみ前で、罪なく清らかである人間はないとする原罪説をとり、罪の自覚がない子供は、それだけにいっそう罪に堕ちやすい存在であり、それゆえ大人による厳しい監視としつけが必要となるとしている。

(3) 近代的人間観・子供観の萌芽

　こうした原罪説的人間観は中世ヨーロッパにおいて長く支持されていたが、14世に始まるルネサンス、また、16世紀に始まる宗教改革の中で見直されることになる。新たな人間観・子供観、教育観を示した人物として、コメニウス（1592-1670）とロック（1632-1704）をあげたい。

コメニウスは、『大教授学』第6章の題を、「人間は、人間になるべきであるとすれば、人間として形成されなければならぬこと」としている。その中では、人間の知識、道徳性、神に帰依する心の種子は自然から与えられているが、それらは「学習」「行い」「祈り」によって、はじめて獲得されるものであるとしている。その上で人間を「教育される動物」であり、「教育されなくては、人間は人間になることができない」と規定し、人間にとっての教育の必要性を自覚的に表明している。

　ロックは『人間知性論』において、人間の心は、生まれたときは文字の書かれていない白紙であるとして、原罪説的な子供観や、子供の中にすでに完成された一定の大人のあり方を見るという前成説的な子供観という、それまで支配的だった子供観について意識的に否定している。その上でロックは、子供は「経験」によって理性や知識などを後天的に獲得していくという教育可能な存在としての子供観に立って、身分制秩序に代わる市民社会の教育を構想した。

　こうしたロックの思想は、18世紀のフランスに広く受けいれられ、たとえば、ヴォルテール（1694-1778）は、原罪の思想は神への侮辱であると厳しく批判し、人間に知恵と道徳的真理を与える教育を重視している。さらに、エルヴェシウス（1715-71）は、教育が私たちを現在の私たちの姿にしているのであり、「教育はすべてを行いうる」とする教育万能論を示している。

　こうした子供にとって教育が必要であるとする見方は、近代市民社会を志向する時代的精神とあいまって、子供期を大人になるための準備段階としてだけではなく、特別の配慮と愛情を必要とする、それ自体が価値をもつ人生の段階、すなわち「子供期」の概念、近代的子供観を形成していくことになる。この近代的子供観を、自覚的に描きだしたのがルソー（1712-78）であり、それゆえ、ルソーは「子供の発見者」と評されるようになる。

　以上、「ホモ・エドゥカンドゥス（教育を必要とするヒト）」とする人間観が、近代においていかに成立してきたかをおおまかに確認してきた。近代に入り、教育の必要性は具体的な子供観、教育観として整理されていく。このとき、大きく2つの子供観とそれに対応する教育観に分類することができる。1つは、

「生まれながらに善いもの」とする子供観とそれにもとづいた教育観、もう1つは、「生まれつき善くないもの」とする子供観とそれにもとづいた教育観である。この2つの子供観・教育観は、現代においても大きな2つの考え方、学習指導という点では「子供中心主義／教科中心主義」、指導形態という点では「指導／放任」、学習指導要領をめぐる近年の議論では「ゆとり／詰め込み」等につながっている。そこで以下では、この2つの子供観・教育観の流れを整理してみたい。

2 「生まれながらに善いもの」とする子供観とその教育

　子供を「生まれながらに善いもの」とした思想家の代表としてあげられるのはルソーである。彼はその子供観を、教育小説『エミール』(1762)の冒頭で「万物を作るものの手を離れるときすべてはよいものであるが、人間の手にうつるとすべてが悪くなる」と端的に述べている。こうした見方は、ルソー以前にも、たとえば1でみた『新約聖書』の子供観や、『孟子』における「人の性は善であり、誰でも必ず堯・舜（古代中国の理想の聖王）たりうる」といった性善説の思想などに見いだすことができる。

　しかし、私たちがいま思い描く、未成熟で、弱々しい、しかし、それゆえにこそ多くの可能性をもった魅力的な存在としての「子供」像を自覚的に、そして鮮明に描きだし、現代の子供観・教育観に大きな影響を与えているのはルソーである。ルソーは『エミール』の中で、こうした「子供」像を「自然人」として提示し、こうした自然人と教育との関係を体系的に述べている。

　ルソーは教育を、①「私たちの能力と器官の内部的発展」としての「自然の教育」、②「この発展をいかに利用すべきか」を教える「人間の教育」、③「事物について私たち自身の経験が獲得」する「事物の教育」の3つの構成要素に分類した。本書の序章ですでに学習したことにてらせば、おおむね、②人間の教育が「教育」に、①自然の教育は、「発達」に、③「事物の教育」は、「学習」にあてはまる。ルソーは、完全な教育には、この3つの教育の調和のとれ

た一致が必要だが、そのうち「自然の教育は私たちの力ではどうすることもできない」。だから教育は「自然の教育」にしたがってなされるべきであり、教育の目的は、自然人の育成におかれることになる。

　ルソーが教育の目的とする自然人とは、自然にかえった原始的生活を行う人ではなく、自分がすべてである「社会状態に生きる」自然人であり、その対極には社会との関係によって価値がきまる「社会人」がおかれる。当時のフランスにおける文化体系を、エゴイズムの原理によって構成され、不平等を拡大しているとみなすルソーにとって、既成文化を背景とし、決められた地位のためになされている当時の教育は否定されるべきものであった。文化によらない教育、ルソーはこの視点から、自然にしたがった教育を提唱するにいたった。すべてを最善のものとしてつくる自然とは、人間と対立する外的な自然(ネイチャー)ではなく、創造的自然、いわば人間の本性(ネイチャー)である。この本性を善きものとみなすルソーにとって、人間は自然状態の近くにとどまっていればいるほど幸福であり、だからこそ「初期の教育は純粋で消極的でなければならない」。したがってルソーによれば、「美徳や真理を教えることではなく、心を不徳から、精神を誤謬からまもってやる」こと＝「消極教育」こそが真の人間的な教育なのである。

　しかし、ここで留意しなければならないのは、ルソーのいう「消極」が何もしないということを意味するのではない点である。ルソーはむしろ、否定されるべきもの・危険なものとしての既成文化を子供から積極的にとりのぞき、子供にあわせた環境作りがなされるべきことを説いているのである。つまりルソーの消極教育は、教育することに消極的なのではなく、子供に直接には働きかけないという意味での消極教育であり、何もしないのではなく、消極教育を積極的に行っていることになる。

　このような教育観は、植物栽培になぞらえて示されてきた。すなわち、植物の種子は、十分な栄養と水そして日光があれば自然に芽を出し、花を咲かせ、結実するように、子供も環境に配慮して、その内部の資質・能力を自然に開花させようとする見方である。こうした教育観は、総称して「有機体論的モデル」とよばれている。

もっとも『エミール』には、子供をとりまく環境を周到に用意したり、懲罰などの手段を積極的に用いたりという、多分に啓蒙的な要素が盛りこまれてもいる。だが、ルソーの思想がそなえるそうした側面はほとんど重視されてこなかった。ルソーが示した「生まれながらに善いもの」とする子供観とそれに対応した教育観は、人々が歓迎すべき「無垢なる子供」観を着実に形成していったのである。

　ルソーのこうした思想を受け継いだ人物としてペスタロッチー（1746-1827）があげられる。ペスタロッチーは教育実践家としてスイスを中心に活動するとともに、人間の内的な能力の開花が教育の一般的目的であることを示した『隠者の夕暮れ』（1780）を著した。このペスタロッチーの影響のもとにフレーベル（1782-1852）は、真の人間性を回復させる教育を行うことこそが「人間の使命」であるとし、その主張を、『人間の教育』（1826）にまとめている。また、特に幼児教育での実践を目指し、世界で初めての幼稚園を創設したため、幼稚園の父とよばれることもある。

　さらにこの考え方は、19世紀末から20世紀初頭にかけて欧米諸国を中心におこった、新しい教育のあり方を模索する試みである「新教育運動」にも大きな影響を与えている。この運動の先駆者であるスウェーデンのケイ（1849-1926）は、きたるべき20世紀は子供の世紀である、と高らかに宣言した『児童の世紀』（1900）を出版した。ケイはその中でルソーを再評価し、現在にいたるまで大きな影響をあたえつづけている。

　それ以外にも、イタリアではモンテッソーリ（1870-1952）が、自由・自発に主眼をおいたモンテッソーリ・メソッドを開発するとともに、実践した。パーカースト（1887-1973）は、学校を「実験室」での自主的な学習を中心とした場と位置づけ、実践した。この実践方法は、アメリカのドルトン市で行われたため「ドルトン・プラン」といわれている。アメリカのキルパトリック（1871-1965）は子供の自発的活動を重視するプロジェクト・メソッド等を理論的に基礎づけ、その後の教育運動に大きな影響を与えた。ドイツでは、ペーターゼン（1884-1952）が主導・実践した、生徒の自己活動を尊重したイエナ・

プランなどがあげられる。

　日本でも、大正期に展開された新しい教育は、この世界的な新教育運動の影響を受けている。その代表者としては、成城学園の創立に関わるとともに、のちに玉川学園を創設した小原国芳（1887-1977）による「全人教育」などがあげられる。

　そして、「生まれながらに善いもの」とする子供観は、児童を保護の対象ではなく、権利の主体であるとする「児童の権利に関する条約」などにも通底していると考えられる。ルソーが描きだした子供像は、こうして、現代でも理想的なイメージとして広く受容されているのである。

3　「生まれつき善くないもの」とする子供観とその教育

　さて、もう一方の子供観としてあげられるのは、「生まれつき善くないもの」としてのそれであった。カント（1724-1804）によれば、人間はけっして生まれついての道徳的存在ではなく、とくに子供は「動物的衝動」をそなえ、「本能」のままに動く動物的存在であるとされる。子供を理性的な判断のできない粗野な存在であるとみなすならば、そうした子供は「生まれつき善くないもの」であるにちがいない。

　子供をこのようにみる思想もまた、古くから存在する。1 であげた『旧約聖書』において示される見方、また『荀子』における「人の性は悪であり、それが善であるのは偽、人為によるものである」とする、いわゆる「性悪説」の思想も、子供を生まれつき善くないものとみているといえよう。

　そして、「生まれつき善くないもの」としての人間観・子供観にたつとき、教育は大人の積極的な働きかけをともなったものとなる。なぜならそこでは、教育は子供のもつ自然な動物的衝動をおさえ、生まれながらに欠けている善を、また神の畏敬を教えてやることだからである。したがってそこでの教育の活動は、たとえば「教え込み (indoctrination)」や「訓練 (discipline)」を強調する立場になるであろう。

カントは、こうした素朴な教育観を「啓蒙」という視点から論理的に説明している。カントは、啓蒙を「人間が自分の未成年状態から抜けでること」、また「未成年」を「他人の指導がなければ自分自身の悟性を使用しえない状態」と規定している（『啓蒙とは何か』）。したがって未成年状態にある「子供」は、他人の指導、つまり教育によって、自分自身の悟性を使用しうる状態になることができるのである。このような理論を背景として、カントは次の有名なことばを残した。「人間は教育によってはじめて人間となることができる。人間とは、教育が人間から作りだしたものにほかならない」（『教育学』）。

　カントによれば、動物はその本分を自然にまっとうしている。それに対して人間は、「自然的資質を調和的に発展させ、それらの胚芽から人間性を展開させ、人間がその使命を達成するようにさせること」を、みずからの使命とする。ようするに、人間がその本分をまっとうするためには、自然にまかせるだけでは不十分である。人間ならば、また人間だけは、みずからの本分を十分に意識し、そのうえで教育しなければならない。そうした意味において、「教育はすべてひとつの技術なのである」。技術としての「教育」、すなわち訓練や訓育を通して、子供は自分の動物的衝動や動物性を、理性的な人間性へと変えていくことがもとめられている。カントは以上から、「人間は教育されなければならない唯一の被造物である」「人間は教育によってはじめて人間となることができる」というテーゼを導きだしている。

　このように、まだかたちの定まらない子供を素材として、それを一定の教育目標に向けて積極的に形成していこうとする教育観は、陶工が素材である陶土から、一定の手仕事的な製作手続きにしたがって、1つの有用な陶器を作りだすことになぞらえられる。これが、教育の「技術論（手工業）的モデル」と類型化され、またルソー流の消極教育に対して積極教育とよばれるものである。

　もっとも、こうした子供観および教育観は、カントだけが主張したものではない。むしろそれは、教育の主流をなしてきたとも考えられる。古くは、「スパルタ教育」の語源となった古代ギリシアのポリス・スパルタでの教育があげられる。言語の訓練的性格を強調したルネサンス期の教育やその影響を受けた

イギリスの「グラマースクール」、ドイツの「ギムナジウム」、フランスの「リセ」などのヨーロッパの中等教育機関での古典語学習も、技術論的な積極教育の典型である。あるいは宗教改革者ルター（1483-1543）は、子供を生まれつき邪悪、いたずらで下劣なものとみなし、懲罰の鞭を用いることすらいとわなかったし、またパスカル（1623-62）は、人間の生命は理性をもったときに始まるのであって、「子供は人間ではない」とする。

　加えて、子供を善くないものとみなす子供観、およびそれにもとづく積極教育がルソーの出現によって払拭されたわけでもない。学校が、識字能力の向上や道徳性の涵養といった積極的な文化伝達を行うために一般化・大衆化してきたという事実は、学校教育と積極教育の密接な関係を示すものである（第2章を参照）。2であげた新教育運動に対しても、当時から批判が加えられていた。たとえばリット（1880-1962）は、この運動は子供の自発性や創造性を強調するあまり、人間形成にとっての文化の役割をみすごしてしまう危険性があることを指摘した。また、「ゆとり」以前の日本の学校教育でも、積極教育がひろく行われていた（第4章を参照）。いわゆる「管理教育」「詰め込み教育」も、その極端な例であるといえるだろう。

4　「教育を必要とする子供」

　以上でみてきた2つの子供観−教育観は、それぞれの教育方法を要求する。一方の積極教育の立場からは、教育される子供に対して何か新しいことを外から教え伝えること、つまり教授や注入を中心とする教育方法が求められる。他方、消極教育の立場は、学習する子供の能力を内からひきだすために援助することを中心とする、学習、開発を主とした教育方法を支持することになる。またこれらの子供観−教育観は、「陶冶（Bildung）」という視点からは「実質陶冶／形式陶冶」、学習指導の中心という面からは「教科中心主義／子ども中心主義」、指導形態という点からは「指導／放任」などの二元論的な見方を迫ってきた。こうしてこれら2つの子供観―教育観は、指導方法や教育の理念の選

択にも深く関わりながら、とくに近代以降の教育の営みを構成してきたのである。

　また、この2つの子供観―教育観は、公教育においては、時代における要請に応えつつ、その重心を変えながらも、いずれかではなく、いずれも実施されてきた。たとえば、現行の教育基本法においては「人格の完成」と「国民の育成」がめざされているが、「私たちの文化・社会の中で自己実現を果たすことを意味する」前者―「人格の完成」では、主として消極教育が、「文化・社会のよりよきメンバーとなり、他の人びとと協力しながら文化・社会を継承し、またよりよいものへと創造することが求められている」後者―「国民の育成」においては、主として積極教育が求められるであろう（序章「教育」を参照）。また、昭和20年代以降の教育改革においても、社会の変化にあわせて身につけるべきとされる資質や能力が変化し、それに対応して教育の内容や教育の方法も変化している（第4章を参照）。

　さらに、一見対立しているかのように思われるこれら2つの教育理念は、近代になって形成された子供（人間）観、すなわち「子供（人間）はホモ・エドゥカンドゥス（教育を必要とするヒト・教育されるべきヒト）である」とする子供（人間）観を前提としている。この見方は、歴史的には、近代以降の見方ではあるが、その後、大きく分けると、次の3つの立場から支持されてきたと考えられる。

　第1に、「教育の可能性」からの推論によるものである。代表的なものとしては、「人間は教育することができる」との事実から、「人間は教育を受けることができる」という理解をへて、「人間は教育されなければならない」とされたり、また「人間は学習する」という事実から、「人間は学習能力と学習必要性をもつ」との判断をへて、「人間は教育必要性をもつ」と推論されたりすることなどである。

　第2に、人間による教育を欠いた事例から推論するものである。いわゆる「野生児」の記録は、古代神話にもみられるが、20世紀にも有名な報告が知られている（図1-1）。その論理は、人間の手によって、あるいは人間の文化の

図1-1　カマラが食べている（とされる）様子

中で育てられなかった人間＝野生児が、人間らしい特徴を身につけていなかったという「事実」から、人間が人間らしい人間になるためには人間の手による教育が必要である、とするものである。

第3に、生物学的・人間学的知見に依拠した推論である。たとえば人間学者ゲーレン（1904-76）は、文化を継承していくためにこそ教育は必要である、と推論した。つまり、他の動物と比較して本能に頼り切ることができない「欠陥生物」である人間には、成長と発達のために人間らしい文化が、いわば第2の自然として不可欠であるというのである。

このような推論が妥当かどうかは、後の第8章および終章で検討するが、これまでの教育の世界は、総じて教育の必要性を、すなわち人間がホモ・エドゥカンドゥスであることをさまざまな側面から証明しようとしてきた。では、なぜ人間はホモ・エドゥカンドゥスであることを証明しようとしてきたのだろうか。それは、人間が「社会」を形成してきたことと関係がありそうである。

たとえば、教育の目標の前提となる「一人前の大人」という場合の「一人前」も社会との関係の中で規定されるものであるし、教育の「教え—教えられる」という関係自体も社会的な営みである。それでは、本章の主軸としてきた子供観はどうだろうか。ここまでは、子供のとらえ方を2つに分け、それらがそれぞれの教育観の根拠であること、つまり教育の必要性や教育観は、子供をどうとらえるかを出発点として整理してきた。

しかし、ルソーにしてもカントにしても、結果的には「子供とは何か」を前提にしているようにみえながら、実のところ子供の見方には、社会をどう見るかが大きく反映されている。ルソーの場合、既成文化は批判の対象であったし、カントにとっては、後進ドイツに近世市民社会を確立すること、つまり社会化、

ひいては「文化化」こそがめざされるべきものであった。したがって、ルソーにとって社会は悪であり、子供の未成熟さは社会化されていないという点で善であり、教育ではできるだけ「社会化」しないことが目標である。一方、カントにとっては社会化が善であり、社会化されていない未成熟な子供は悪であり、「社会化」することが教育である。こうした前提にたったとき、社会化されていない未成熟な存在としての子供の見方と教育観は次の2つになる。すなわち、一方では善きものであり、できるだけそのままにしておくこと＝消極教育となり、他方では好ましからざるものであり、より好ましいものへと働きかけること＝積極教育へと向かうのはきわめて当然のことなのである。

＊　　　　＊　　　　＊

このようにみてくると、教育が社会的な営みであり、社会と密接に関わっていること、また、教育の必要性はかならずしも子供の側から導かれたものではないということができるだろう。とすれば、社会という視点から教育と人間の関係についてみなおすことが必要なのだろう。

では、「人間は教育を必要とする」ことがことさら強調され、受容されてきた背景には何があるのだろうか。また、どんな社会が「教育を必要とする」人間を要請してきたのだろうか。そこで、第2章では、教育の必要性が広く受容されるにいたった経緯、また、それを要請した社会の特質について、学校の誕生の歴史をたどることから確認してみたい。

●課題
Q1．あなたが「教育が必要だ」と考えるのは、なぜだろうか。その根拠もふまえて考えてみよう。
Q2．あなたの考える理想の教育について、①子供観、②教育の目的、③教育観の3つの視点からまとめてみよう。

Q3．Q2でまとめた理想の教育は何にもとづいているか、その背景にある見方について考えてみよう。

●参考文献

アウグスティヌス, A.（1976）『告白』(上)、服部栄次郎訳、岩波文庫（原著 1397-1400 年頃）
カニンガム, H.（2013）『概説　子ども観の社会史』、北本正章訳、新曜社（原著 1995 年）
カント, I.（1974）『啓蒙とは何か』篠田英雄訳、岩波文庫（原著 1784 年）
カント, I.（1986）『人間学・教育学』三井善止訳、玉川大学出版部（原著 1803 年）
コメニウス, J. A.（1962）『大教授学　I』鈴木秀勇訳、明治図書（原著 1657 年）
ルソー, J.-J.（1962）『エミール』(上)(中)(下)、今野一雄訳、岩波文庫（原著 1762 年）
ロック, J.（1999）『人間知性論』大槻春彦訳、『ロック・ヒューム』（世界の名著 32）中央公論新社（原著 1690 年）

第2章　学校の誕生とその発展

　前章では教育の見方について、大きく2つの系譜から見てきた。これら2つの見方は、指導方法や教育の理念において対立しているように見えるものの、両者とも「教育を必要とする子供」という考えを基本にするという点では共通した前提にたっていることを明らかにした。また、「子供観」や「教育観」が社会との関係の中で形成されるものであることについても検討し、「教育を必要とするヒト（ホモ・エドゥカンドゥス）」という考えの来歴を確認したのである。

　では、こうした「教育を必要とするヒト」という考えは、いつごろどのようにして私たちの感覚に定着していったのであろうか。本章では、「子供が大人になるためには教育が必要である」「教育を必要とする子供」という概念を定着させた経緯において重要な働きをした、学校の広がりについての歴史をみる。そして、「教育を必要とする子供」という感覚が、人々の共通意識にいたるまでの過程を確認する。それと同時に、「社会から隔離された空間である学校で子供を学習させることこそ教育である」という考えが、現在の私たちの常識になった過程や、現代の学校や教師がもつ強大な力と権威の来歴についても確認したい。

　これらの問いについて先に答えを示すと、公教育制度が整備され、学校が急激に広まり定着していったことと大きな関係がある。本章では、「子供を教育することが、あたり前になる」ために果たした学校教育の定着について、西洋を中心とした歴史をみる。もちろん、西洋以外の諸地域においても独自の学校は存在した。しかし現在一般的にイメージする「学校」は、西洋近代の学校にその由来をもつのである。また現在のような学校が成立していく背景には、社会や技術の変革が大きく関わっているため、適宜その側面での紹介も行う。

　最初に漢字での「学校」という言葉について語源を確認しておこう。これは、

中国の紀元前の世界まで遡る。「学校」の「学」の旧字である「學」の文字の原型は、中国古代王朝である殷（紀元前 17 世紀–紀元前 11 世紀ころとされている）の遺跡（殷墟）から発見される甲骨文字に多く見られる。このことから、この殷の時代には教育機関にあたる組織がすでに存在していたことがわかる。

　時代は下り諸子百家の時代、紀元前 3 世紀に活躍した儒家の思想家である孟子（孟軻）の言行録である『孟子』には「學」や「校」という語句がみえる。ここでは、君主が人民のための学校を建て道徳を学ばせるべきである、と孟子が提案している。ただしこの一文は、教育機関にあたるものを時代によっては「學」と称し後には「校」と称したという説明であって、「学校」が単語として使われるようになったのは、さらに時代が下り後漢（25-220）のころである。

　中国の影響を長い間受けてきたわが国は、天智天皇の時代以降（7 世紀）に学校にあたる教育機関が創立され、律令時代に制度化された。言葉としての「学校」は、8 世紀の文献に用例が見られる。当時の教育内容と現代のそれは大幅に異なるものではあるが、人を集めて何かを教える、という意味では共通の意味を現代も保っているといえよう。

1　古代世界の教育と学校

　英語で「学校」に当たる "school" の語源は、古代ギリシア語のスコレー（scholē）という単語に遡る。このスコレーは「何もしなくて良い時間・余暇・暇な時間」という意味であった。「自由に使える時間に学ぶ」という意味が段々定着していき、学ぶ場所、つまり学校を指す言葉へと転じていく。

　古代ギリシアでは、イソクラテス（436 B.C.-338 B.C.）が弁論の力を鍛える修辞学校を開設した。その後古代ローマから中世にいたるまで、多くの修辞学校が存在した。同時代のプラトン（1 章 1 (1) を参照）はアカデメイアという学園を建て、これは 900 年近くも教育研究拠点として存続した。同じくアリストテレス（1 章 1 (1) を参照）も、長くは続かなかったがリュケイオンという学園を建てている。ローマ帝国に政治の中心が移っても、文化・研究・教

育の中心地はギリシアであり、ローマの政治家・貴族の子弟は、ギリシアで一定期間学ぶのが1つのスタイルであり続けた。

　このように東洋でも西洋でも、古代から「学校」にあたるものは存在していた。しかしこの章で扱うのは、「教育を必要とする存在としてのヒト」ということを前提とする、現代の「学校」の成立経緯である。これら古代の「学校」と、私たちがイメージする小学校、中学校等といった現代の学校教育の「学校」は、単語こそ同じであるが内容は大きく異なる。そもそも学校で学ぶ者の全人口に占める割合が、古代と現代とでは圧倒的に違う。古代は学校で学ぶ者が非常にかぎられていたのに対し、現代の私たちはだれもが学校の経験をもつ。古代の学校とは、「余暇、暇な時間」をもつものが集まる場所という語源からして、「日々の労働が免除されている」特権階級のもの、ということも察することができ、これは今日的な事情と大幅に異なるのである。

　また学ぶ内容も、修辞に代表される「何をどのように言うか、書くか」の知識（官僚や政治家、弁護士等として働く術）や、古代ギリシアの格言「汝自身を知れ」に代表される自己認識の知識が中心であった。古代ローマにおいては、『弁論家について』等を残したキケロ（106 B.C.-43 B.C.）を代表とするラテン語修辞学の系譜が、クィンティリアヌス（35?-100?）の『弁論家の教育』という教育的内容をもつ著作へと結実する。この作品は修辞学の代表的な教科書の地位を得て、その後歴史上長く「何をどのように言うか、書くか」の教育に使われるのである。しかしこれらの教育内容は、現代の幅広い知識・技術を学ぶものとは異なる。

　以後の節では引き続き、現代的なイメージの学校が確立される前の時代、しかし、現代の学校につながる中世の学校をみてみよう。

2　中世の学校——近代的な学校の誕生以前

（1）キリスト教の学校と宮廷学校

　全人口のうちのほとんどが何らかの形で学校教育を受けることが前提の、現

代の学校のスタイルとは異なり、かぎられた人々のための学校の歴史が近代までしばらく続く。ただし、中世期の学校の発展が近代に影響を与え、現在の学校がその延長にあると考えられる点もあるため、この時代をみることも意義がある。

中世ヨーロッパの学校としては、主にキリスト教の教義を学ぶことを中心とした聖職者養成学校と、貴族や官僚のための学校である宮廷学校の2つがあげられる。

聖職者養成学校の代表的なものには、司教座聖堂学校と修道院学校がある。ヨーロッパではローマ帝国が東西に分裂し、ゲルマン人の南進によって崩壊していく古代の終焉期に、キリスト教が大きく伸長する。各地に教会が建てられ広域の宗教組織として整えられると、司教を頂点に司教管区が成立する。司教がいる教会は「司教座聖堂教会」とよばれ、ここにはその管区の聖職者養成学校が設けられる。これを「司教座聖堂学校」という。同時期に、イエス・キリストの精神に倣って俗世を離れ、労働とキリスト教信仰に身をささげ禁欲生活を送る者が共同生活を送る場所として、修道院が形成されていった。ここで信徒は、私有財産を放棄した清貧、独身生活を貫く純潔、上の者への服従の3つの原則を守って宗教生活を送った。この修道院にも若い聖職者を養成する学校が形成されている。これを「修道院学校」という。

一方、宮廷学校は現在のフランス、ドイツ、イタリアの大半を支配したカロリング朝フランク王国（751-987）のカール大帝（742-814）が、王族・貴族の教育のため首都アーヘンに設置したものがあげられる。宮廷学校には、イギリス出身の修道士であるアルクィン（735-804）が教育の相談役として招聘され、実際の教育も担った。さらにカール大帝は宮廷学校だけでなく、領内各地の司教座聖堂教会、修道院、そして町や村にも学校を設けている。

このような学校における教育の対象者は、その当初は聖職者になるものや貴族など、ごく一部の特権階級にかぎられていたが、9世紀になると修道院学校は、修道院に入らない者にも開放されるようになる。このように徐々にではあるが、貴族や聖職者などの一部の特権階級の子弟にかぎられなくなり、学校で

学ぶ者は増えていった。

(2) 学校と教育の多様化

11世紀ごろ、イベリア半島まで進出していたイスラム勢力の後退や、三圃（さんぽ）制の導入によるヨーロッパの農業生産力の向上、貨幣経済の定着、そして十字軍の開始によって、イスラム商人との東方貿易を中心とする商業活動が活発になった。その結果、商業階級が富を蓄え中世都市が成立し、市民階級が台頭する。いわゆる商業ルネサンスである。こうした中で、民衆教育としての職業教育や、初等教育、中等教育、高等教育につながるさまざまな教育が成立し、それぞれが独自に発展していくのである。

民衆教育として第1にあげられるのは、ギルドでの職業教育である。ギルドとは中世ヨーロッパの都市の中で、商工業者による職能別組合のことである。ギルドは親方、職人、徒弟の身分階層をもっていたのだが、ギルドの将来的な存続をねらうため次世代の親方、職人を育成する仕組みももっていた。それらは共通の明確な教育課程や内容をもっていたわけではなかったが、階級別の市民学校の原型となり、後世まで続く民衆に対する職能教育の源流となった。

次に司教座聖堂学校・修道院学校の変化である。中世初期にはこれらの学校に附属する形で、文字通り讃美歌や祈禱を学ぶ学校としての年少者向けの唱歌学校がつくられるようになっていった。その後、時代が下るにつれて、キリスト教に関連するもののみならず、読み、書き、計算といった初等教育的な内容も教えており、のちの初等教育の源流となる。

唱歌学校が初等教育の内容を受けもつようにもなると、司教座聖堂学校・修道院学校は自然と高度な教育内容、具体的には、教養科目としての自由七科（liberal arts）を教える学校に変化した。この七科の上位にある形而上学（哲学・倫理学）と神学とを含めた教育内容をもつものに、司教座聖堂学校・修道院学校は転じていく。なお自由七科とは、言語に関わる三学（文法、修辞学、弁証法）と数学に関わる四科（算術、幾何学、音楽、天文学）のことである。この中でも言語に関する教育内容、特にラテン語文法を重要な科目としたため、

これらの学校はのちに「文法学校（グラマースクール）」と呼ばれるようになり、現在の中等教育の起源となる。さらに、これまで聖職者に限定されていたこれらの学校で、都市有力者の要請によりその子弟も学ぶことが認められて、徐々に一般人にも開かれていくのである。

　さらに大学も11世紀に出現する。もともとは、学びたい若者が学者のもとに集まり、お互いの権利を確保するため組合（universitas）を形成したのが、現代の大学の起源である。そのため、本来のuniversityの意味は、学者と学生の「団体」「組合」というものであったが、これが転じて高等教育機関の意味となる。

　これら組合は、学者と学生で形成されるギルドの一種であり、当初商人や職人らの徒弟制と似た組織をもっていた。ギルドの一種から始まったことからわかるように、市民社会での実学的な内容を学ぶ学校という性格が当初からあり、最初の大学は、医学や法学、そして神学を研究するものが中心であった。後に中世の大学は、医学部、法学部、神学部を中心に形成され、そして先述した自由七科を学ぶことができる自由学芸学部の4学部で整理されていった。最初期の大学は、イタリアのボローニャ大学（1088?-）とフランスのパリ大学（1150?-）があげられるが、前者は法学で有名で、後者は神学で有名であった。

　以上、中世の学校について、職業教育、初等教育、中等教育、高等教育という視点からみてきた。これらの学校は、初等・中等・高等教育という学校のカテゴリーの萌芽がみられるものの、しかし、まだかぎられた人々のためのものであった。学校はだれもが学べる場所ではなく、人々もまた、子供はだれもが学校で学ぶことが必要であるという観念ももってはいなかった。次節では、公教育の胎動の時期にスポットを当ててみたい。

3　ルネサンス、宗教改革、産業革命、そして公教育の胎動

（1）キリスト教の地位低下とルネサンス、そして宗教改革と学校の変化

　11世紀末に聖地エルサレムの奪回を唱えて結成された十字軍は、数度にわ

たるイスラム世界への遠征を繰り返しながら13世紀まで続き、最終的には失敗に終わった。イスラム世界への侵攻を掲げた十字軍ではあったが、キリスト教側同士の争いや、ローマ教皇と諸侯との内紛も頻繁に起きた。十字軍に従軍することで宗教上の罪が免除されるということが発端である贖宥状(しょくゆうじょう)（免罪符）も、このころ販売が盛んになってきていた。こうした教会組織の内紛や腐敗が、この時代顕著になってきた。

キリスト教内部での教会支配への疑問の広がり、商工業者のさらなる台頭、イスラム世界からの古代文化の逆輸入といったことを背景に、ギリシア・ローマ時代の文芸の復興運動が、北イタリアを中心としておこる。これはルネサンスと呼ばれる。そして同時に、西洋社会にて支配的であった教会の権威が減退し、それらを起源とする学校も衰亡することで、一部の特徴のみを継承した新しい形態の学校が生まれるのである。

この時代の学校の大きな変化としてあげられるのは、教育内容がキリスト教の教義や儀礼から、一般的な知識や技術に変わり始めた点である。その結果、学校は、教会の一部の人間のためのものという独占的なあり方から、すべての人々を対象にしたものへと世俗化していくのである。

その決定的な引き金となったのが「宗教改革」である。宗教改革は、中世までのキリスト教における、聖職者による教義の独占を打破しようとしたものである。これは神と信徒との間に聖職者が介在し、神の御心の理解は聖職者を通してしかできない、という構造から、信徒自らが神の御心を直接学び理解する、という構造への変革を目指した運動であった。具体的には、聖書を信徒自らが自力で読むことで、聖職者の恣意的な解釈からの解放を目指したのである。

ドイツのルター（1章3を参照）は、1517年にカトリック教会に対する疑義をまとめた『95ヶ条の論題』を発表した。本人にとっては内部改革の提案であったが、ローマ教皇側はルターを破門にする。その結果、独自の活動を取らざるを得なくなったルターは、後にプロテスタントと呼ばれる新教の確立に身を投じていくのである。この動きはヨーロッパ全土に広がり、カルヴァン派やイギリス国教会等の新教側諸会派の成立にもつながる。

このように宗教改革はヨーロッパ全土にわたり大きな影響を与え、30年戦争（1618-1648）などに代表される戦乱までもたらす結果となったが、旧体制側もイエズス会といった新修道会の設立等を通して内部改革を進め、中世のように全ヨーロッパを支配するほどではないものの、カトリックとしてその後も権威と体制を維持していくことになる。
　先にも述べたように、この宗教改革運動において新教徒側の信徒には、聖書を自力で読むことを通して、神との直接対話を可能とすることが求められた。このために新教徒の信者は、自国語で書かれた聖書と、識字能力を必要とする。そのため、自ら聖書を読むための識字教育とプロテスタント理念教育を行う学校が構想され、その結果、すべての子供を集めて行う義務教育の概念が、宗教改革運動の中からはじまる。

（2）教育と紙、そして印刷技術

　さてこの宗教改革に大きな役割を果たしたのが、ドイツのグーテンベルク（1398?-1468）による活版印刷技術の発明である。ここで時計の針を遡って、この新技術にいたる歴史にふれよう。
　ヨーロッパの古代世界では、エジプトで生産されるパピルスが文字を伝える代表的な手段であった。このパピルスは、カヤツリグサの繊維を編んで紙状にしたものであったが、現代の紙に比較して保存性も耐久性も低かった。製本する強度をもたないので、現在のような冊子体ではなく巻物として活用された。その後、小アジアのペルガモン王国で羊皮紙が誕生する。これは羊など動物の皮を紙状に加工したもので、強度は非常に高い。その結果、冊子の図書が誕生した。
　当時の人々は文字をこれらパピルスか羊皮紙に筆記して、情報を伝えた。しかしパピルスも羊皮紙も生産に手間と時間がかかり非常に高価であったため、とても現在の学校のような大人数に対して、同じ教科書や資料を共有しつつ一斉教育を行うことは到底できなかった。ゆえにこの時代の教育スタイルは、知識や技術を実演や口頭で伝授することが中心の個人ないし少人数教育であった。

書籍は特権階級や富裕層などのかぎられた人々だけが、直接読んだりふれたりすることができるものであった。

一方中国では、後漢の蔡倫（さいりん）（50?-121?）が105年に紙を考案・改良した。その後、製紙技術と印刷技術は向上し、中世中国では書籍文化がおこるほどの紙や文献を大量に生産していた。この製紙技術と印刷技術は、唐の時代、中央アジアのタラス河畔の戦い（751）で唐軍がイスラム帝国（アッバース朝）の軍に大敗した際に、職人が捕虜になり機械が鹵獲（ろかく）されたことでイスラム世界に伝播する。その後、イスラム世界を通してヨーロッパには12世紀にようやく紙の生産技術が伝わり、ルネサンス期にはヨーロッパでも製紙工場と印刷工場が建設されるようになっていた。

このような背景のもと、グーテンベルクは大量の金属活字を使った活版印刷技術の実用化に成功した。これにより宗教改革を促進する自国語の聖書の大量生産が可能になったのである（図2-1）。

前述したルターの『95ヶ条の論題』は、グーテンベルクが開発した印刷機器により一説によると約2年間で30万部が印刷され、全ヨーロッパに広まった。1480年から30年間、ドイツでの印刷物は毎年約40点程度であった。これが1523年には498点と飛躍的に伸びる。そして驚くことにこの498点のうち183点以上がルターの著作だったという。

この大量印刷時代の到来は、宗教改革でのルターの考えを短時間で広い範囲に知らしめることに、大きな効果をもたらした。ルターは、この新技術を宗教改革運動推進に積極的に役立てたのである。また大量の印刷物の広範囲な流通が可能としたことは、ルターにかぎらず情報の伝達・流通に革命的影響をヨーロッパにもたらした。この

図2-1　グーテンベルクの聖書

影響から、活版印刷技術は、火薬・羅針盤とともにルネサンス期の三大発明としてあげられており、後の時代へのインパクトの大きさが察せられる。そしてこの活版印刷技術は、科学技術の研究に関する情報を短時間で大量流通させることを可能とし、その後の科学革命・産業革命を導く一因となった。

この宗教改革や印刷革命は、学校やそこでの教育にどのような影響を与えたのであろうか。印刷物の大量生産と低廉化が進んだ結果、学校での教育において大勢の子供にテキストや印刷物を利用させることが可能になった。それを背景にして、この宗教改革運動は、各国語で教育を行うことで国民教育を担う学校の建設を進め、そこで子供の就学を義務づけるという現代の公教育と似た仕組みをめざしていくことになるのである。実際、文法学校はキリスト教の権威から独立した学校となり、各国語で教育を行う自国語学校が18世紀まで各地に普及する。

(3) 民衆教育の登場

この時代に幼児教育と社会教育の萌芽が見られる。この時代の学校の進展に次に大きく影響を与えたのが、人口増加と産業革命である。14世紀のペスト大流行を経てヨーロッパの人口は、17世紀後半から爆発的に増加していく（図2-2）。1500年のヨーロッパの総人口は、約6,160万人だったと推定されているが、1700年には約8,140万人となり、1890年には約2億3,000万人にまで膨れ上がるのである。

人口増加の原因は、農業技術の向上による食料増産、運搬技術の向上と交通網の整備による食料供給体制の向上、医療技術の向上による死亡率低下、都市への人口集中と工業化による仕事の提供等、さまざまな要因があげられる。人口増加による農地不足も原因となり農業に従事できない人々が都市に集中し、工業に従事するという産業構造の転換がおこる。これによりギルドでの徒弟制による子供の教育というこれまでの仕組みが成り立たなくなり、転換を迫られた。

その結果、都市に集中した家庭において放置されていた子供のために、従来の学校的な制度とは別な学校、たとえばイギリスでは17世紀ころに「デー

ム・スクール」や「宗教的慈善学校」が生まれる。また18世紀ころには「日曜学校運動」が発生して、大きな発展を遂げる。

デーム・スクール（図2-3）とは、若いときに基礎教育を受けた一般婦人が近所の幼児を教育した、民間の小規模な教育施設であった。主に教師となる婦人の家で、初歩的な読み書きや聖書、そして家庭内の日常雑事を教えたという。これは19世紀まで存続し、現在の幼児教育の原型の1つとなった。

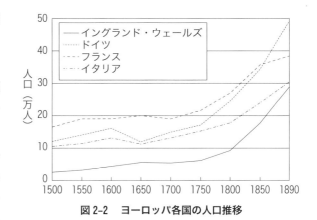

図2-2　ヨーロッパ各国の人口推移

図2-3　デーム・スクール

　宗教的慈善学校は、英国国教会の教義を貧困層の子供たちに教育する目的で設けられた。そこでは読み書きなども教えられたが、基本的には道徳的・宗教的教育を通じて、不道徳な生活を送っている人々に道徳性を涵養しようとするものであった。日曜学校運動は、宗教団体が子供たちのみならず、労働者に対して工場労働がない日曜日に行う教育事業である。これらは工場街に放置されていた子供たちを対象にしつつ、余暇に自暴自棄な生活を行う労働者たちにも、道徳的・宗教的な教育を行う事業として発生した。これが社会教育につながっていくのである。

この時代の以上の学校の特徴は、多くの庶民の子供たちを対象とし、各教科の初歩的な知識・技術のみならず、道徳的・宗教的あるいは社会生活上の規範を学習内容としていることである。学校での教育を、人口爆発によって生じた社会不安への対策と考えていることに注目すべきである。

（4）教育学の萌芽と公教育の胎動
　学校が、幼児・初等・中等・高等、そして社会教育と、各種整備されていくこの時代には、教育学の萌芽が始まる。つまり多くの人々を教育する時代が始まるにつれ、「何をどのように教えるか」という学問も立ち上がるのである。これはまさに、古代から続く教育内容や知識の伝授技法が大幅に変化したからにほかならない。教育内容の変化は、古代で知識と呼ばれたもの、つまり「何をどのように言うか」と「自己認識」の知識から、産業革命の勃興により社会で働き生きていくための科学技術の知識に転換していったこと、そして知識の伝達技法の変化は、これまで口頭か実演をもって教えていた教育手法が印刷技術の向上で紙を介した技法へと転換したことに由来する。

　学問の一部門として成立した「教授学（didactics）」は、ルネサンスや科学革命、そして産業革命以降、自然科学的手法をまねた合理主義的な思考方法で誕生した教育についての新しい思想や、新しい実践活動をふまえて拡大していく。その端緒が、第1章でも取り上げたチェコのコメニウス（1章1（3）を参照）である。コメニウスは、教育や学校の体系を考案した『大教授学』を刊行した。また子供向けの百科事典『世界図絵』（図2-4）を作成した。この著作は、ヨーロッパ中の学校で教科書として活用された。

　製紙と印刷の技術向上は、この著作を学校教材として広く流通させることを可能とするまでになっていたのである。『世界図絵』の内容は、図絵と説明のテキストからなるもので、視覚からの学習を促すものだった。またコメニウスは自らの著作の中で、公営にして全国民が学ぶ「学校」や、1人の教師が多くの子供を教える一斉教授法といった現代の教育に通じる構想を唱えた。

　続くスイスのペスタロッチー（1章2を参照）は、孤児や貧困層のための学

校で直観教授・労作教育の教育実践を行った。この実践は、初等教育にあたるものであったが、後に幼児教育の分野で幼稚園の創始者であるドイツのフレーベル（1章2を参照）と、実践を「四段階教授法」として学問的体系にまとめあげた同じくドイツのヘルバルト（1766-94）とに継承されていく。このヘルバルトの時代には、すでに高等教育機関である大学で教育学講座があって学問としての教育学・教授学が成立しており、教育自体が科学的手法による研究対象となっていた。ヘルバルト自身は、哲学と教育学の教授であった。

図2-4　『世界図絵』

　そしていよいよ、公教育の胎動がはじまる。17・18世紀前後の市民革命と国民国家形成と並行して、国家によって学校制度を整備しようとする、公教育の確立に向けた動きが出てくる。これまでヨーロッパ諸国は、特権階級と官吏養成を対象とした教育を主に考えてきた。しかし、フランスのコンドルセ（1743-94）は、フランス革命期の立法議会において「国民教育は政府にとって当然の義務」であると宣言し、公教育の確立を革命後の大きな課題としたのである。

　ここでの提案は、従来の一部特権階級に限定されていた学校を貧困層も含めたすべての子供に開き、さらに宗教的権威からも完全に独立させ、社会全体が求めているものを教育するという、新しい公教育のかたちを提示したものであった。フランス革命期は、このコンドルセ案以外にも多くの公教育議案が審議され、新しい共和国の担い手の育成手法が何度も議論された。審議された内容の多くは財政的に実現が無理であったが、民主的な国民国家の発展のための学校教育という構想の契機となったのである。

　フランス以外の国においては、イギリスのオーウェン（1771-1858）による公

教育構想がある。オーウェンは、最良の国民教育制度をもつ国家が、もっともよく統治された国であると考え、国家が運営する公教育を提唱した。当時のイギリスでは、先に述べたようなデーム・スクール、宗教的慈善学校、そして日曜学校が民衆教育を担っていた。しかしこれらは、私人によるものや宗教的な慈善事業の一環であり、国民教育としては不統一なものであった。オーウェンは、これらの学校を国家が統括し、宗教的色彩を抜くことを構想する。そして、教育の機会均等や非宗教の原則にもとづく公教育制度を提案し、この計画を補うための教員養成カレッジの設置も提案するのである。

　このようにフランス、イギリスという当時の先進地域から、現代的な学校につながるプランがいよいよ誕生し、徐々にヨーロッパ各地で実現に向かっていくのである。

4　近代的な学校の誕生——「教育を必要とするヒト」という見方の定着

　近代国家は次第に富国強兵をめざすようになる。それは軍事力と産業力の両輪に立脚するものであった。そのため、高度な技術を要する近代戦の基礎知識を身につけた兵員と、産業革命で発展した工業に従事できる労働者の大量養成が、近代国家の大きな課題であった。これを背景に政府が国民教育に着手しはじめることで、学校は徐々に社会の中に広がっていく。これは主に19世紀の100年間に一気に広まるのであるが、これとあわせて学校における教授技術も飛躍的に向上するようになる。それはこれまでの選ばれた少数を教育するという状態から、数にかぎりがある教師が大量の子供を教育せねばならないという課題に直面したからである。この時代、教育効率を良くする必要にせまられ、個人教授の延長から一斉教授法に教育のスタイルが変化するのである。

（1）モニトリアル・システムの登場

　18世紀末から19世紀初頭にかけて、イギリスで「モニトリアル・システム（助教法）」という画期的な教育方法が生まれる。このモニトリアル・システム

が生まれる前の、前節で紹介した慈善学校や日曜学校は、慢性的な資金と教師の不足に悩まされていた。また子供の年齢も学力の程度もまったく不統一であったため、1人の教師は子供一人ひとりを教えているうちに時間が経過してしまい、指導を受けることができない子供は自習するか、ただ座っているか、遊んでいるだけで、大人数を相手に一斉に授業を行うことはほぼ不可能であった。しかし、ベル（1753-1832）とランカスター（1778-1838）は、ほぼ同時に（前者はロンドン、後者はマドラス）1人の教師が多くの子供を同時に教授できる方法を考案した。

このモニトリアル・システムとは、1人の教師に対して200〜1,000人の子供がモニター（monitor：助教）を介して習うものである（図2-5）。この大量の子供を一斉教授するために、教師は比較的優秀な年長生を数名モニターとして選び、一斉教育の助手とする。このモニターを教師は直接指導訓練し授業に臨み、実際の授業時間は、このモニターたちが子供たちを直接指導するのである。

具体的な手法は、次の通りである。子供を成績や能力別に8〜10名単位の班に分け、これに1人のモニターがつき実際の指導にあたる。教室の両側の壁には持ち場（station）が班ごとに設けられており、そこでモニターは子供を集めて指導を行う（図2-6）。

子供たちはモニターの出す号令に従って同じ動きをとり、いわば一連の規律訓練を身につける。教育の名のもとに大量の子供は、教師・モニターの指示に服従をしながら学習を進めたのである。教師は、教室内を巡回して違反者を処罰し成績の良い子供を褒め、グループごとの進捗を管理する、といった教室の全体管理を行うことに集中できた。この仕組みは分業制を特徴とする産業革命時代の工場に大きく影響を受けている。後年のフランス思想家であるフーコー（1926-84）は、囚人を入れる「監獄」（ベンサム（1748-1832）が考案した「パノプティコン（一望監視システム）」）と同じような管理機能を学校がもつと指摘しているが、このモニトリアル・システム以後、学校はまさにこの囚人管理システムと類似の機能をもつようになるのである。

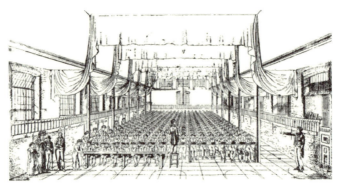

図2-5 ランカスター式モデル・スクール

図2-6 モニターによる子供の指導

　これにより教師1人が教授可能な子供の数が飛躍的に増加し、経費もかからなくなった。ランカスター自身は、これまでにかかった経費の40分の1の経費で学校が運営できると豪語している。ランカスター式の学校では、子供にアルファベットを覚えさせるための「砂場」を机の上に作っておき、そこにモニターが例を書き、子供はそれをまねて号令とともに何度も書いたという。また「石板」もよく利用されたという。紙の教材は増えたものの、まだノートとして使うには紙が高価だったことがわかる。ちなみに19世紀初頭に現在の学校の教室に普通に存在する「黒板」が、大きく学校に広まった。副次的な効果としてモニターとして働いた子供は、次々に独立して教師となり、教員養成の役

目も果たした。

（2）短命だったモニトリアル・システムとその功績

しかしこのモニトリアル・システムの隆盛も、長くは続かなかった。その理由としては、第1に同時進行でいくつもの班の教授が行われていたために騒音が生じ、教育環境として問題があったこと、第2に規律・訓練を基盤としたこのシステムでは、子供の授業への動機づけが不十分であったこと、第3に読み（reading）・書き（writing）・計算（reckoning/ arithmetic）のいわゆる「3 R's」しかなかった教育内容が高度化・肥大化し、モニターを使っての指導が困難になったこと、などの問題をあげることができる。とくに公教育の胎動から発足の過程で、教育内容の増加と科目の細分化に代表される肥大化が年を経るごとにすすんでおり、教える側に就くものはモニターのような素人から専門家を必要とするようになったのである。

一方、このモニトリアル・システムは、教師1人あたりの子供の数を格段に増やし、教育にかかるコストを飛躍的に下げた点で、公教育の担い手としての学校の成立に大きな功績があった。近代国家の成立と同時に生じた、国民全体に教育を施すという公教育の考えは、実施する上で財源不足が大きな問題であった。一国家の子供全員という、これまでとは比較にならない規模の人数に教育を施すにあたり、財源も教師も圧倒的に足りなかったのである。しかしこのモニトリアル・システムの出現で、費用をかけず国家が多くの子供を一斉教授することが可能になる糸口が生まれた。またこのモニトリアル・システムのもたらした「習熟度別」に班を構成する、という考えが後に「学年制」と「学級制」とを生み出していく。

（3）一斉教授法の誕生

モニトリアル・システムが限界を迎えたあと、いよいよ現在の学校では当然となった一斉教授法が生まれる。オーウェンの弟子であるウイルダースピン（1791-1866）は、現在の階段教室に似た教場で、多くの子供が1人の教師にあ

図 2-7　ウイルダースピンのギャラリー式一斉教授

い対する一斉教授法での教育（ギャラリー式）を試みたのである。この方法は教師がすべての子供を一度に見渡すことを可能とし、子供のほうも他の子供の動きを見ながら同時に学習を進めていくことができたのである（図2-7）。

　これにより1人の教師が一度の授業で教える子供数を維持しつつ、モニトリアル・システムの欠点であった騒音を解消し、内容も幅広い教科を教授することが可能となった。またモニトリアル・システムのかなめであったモニターは、一斉教授法では必要としないため、教育者側の効率化も実現している。

　当初幼児教育で始まったこの手法は、以上のような利点から多人数教育の手法としての有効性が認められて、ほかの種別の学校に「学年制」と「学級制」を強めながら広がっていった。

（4）19世紀における西洋諸国の公教育制度の確立

　次にこの19世紀に公教育制度が各国に定着して、「教育＝学校に行くこと」という意識が定着していく過程をみてみよう。19世紀前半、国家による公教育制度の萌芽期には、親の中には学校に子供を行かせることを拒む空気もあった。当時の多くの家庭で子供は労働力の1つであり、就学を国から強制され、何を得ることができるかよくわからない学校に集められることは、否定的な感覚をもつのもあたり前のことであった。

たとえば、1820年代のイギリスでは、小学校就学率がわずか平均6〜7％程度であった。しかし優秀な兵員と生産性の高い労働者の大量養成という国家や資本側からの要請と、近代国家の下での国民・労働者側からの教育の権利要求、この2つが合致し各国は次々に義務教育制度を確立していく。とくにこれは1870年代以降に顕著になり、急速に法整備が進むのである。各国の動向は次のとおりである。

　先述のようにイギリスでは1820年代、小学校就学率はわずか平均6〜7％程度であり、初等教育は低迷していた。19世紀半ばまで改善の試みはあるものの大きな変化はなかったが、1847年設立の「ランカシャー公学校協会」をはじめとして国民世論が、公教育制度樹立を訴え運動をおこしはじめた。この協会は1850年には「全国公学校協会」となる。その後、自由党のグラッドストン内閣の時代の1870年に初等教育令が成立する。この6年後の1876年の改正教育令では、5歳から14歳までの児童に、読み、書き、計算などの基礎教育を受けさせるため、彼らを学校に通学させる義務を保護者に負わせることを明文化した。この結果、1870年初等教育令公布から1886年までの16年の間、小学校数は約5,000校から約2万校へと約4倍、児童数は約100万名から約500万名へと約5倍の爆発的な発展をみせたという。なお義務教育の完全無償化については、1918年を待つことになる。

　フランスは、前述したようにフランス革命時の公教育案が提案された後、ナポレオン時代、ブルボン朝復古王政時代を経ても、まだ全国民を対象とした義務教育制度は確立されなかった。そもそもフランスには、子の教育権は親にあり、教育の義務化はこの権利を侵害するものという強い抵抗感があったのである。七月王政期の1833年、文部大臣ギゾー（1787-1874）がようやく「初等教育法」を制定し、国家が最低限度の初等教育をフランス国民すべての子供に施すことを主張した。しかし義務化と無償化にはいたらなかった。ナポレオン3世の第二帝政期には、小学校の就学児童が500万人に達しているものの、88万人の未就学児が依然として存在した。公教育が法制化にいたるのは、第三共和政の時代の1880年代である。1881-82年には、小学校の義務制・中立性・

無償制の3原則をふまえたフェリー法が成立した。この結果、初等教育就学者がようやく増えはじめ、19世紀末には登録者が96％にいたっている。

その他の各国の状況を簡単に紹介しておこう。アメリカでは、1852年にマサチューセッツ州で最初の義務教育制度が成立し、他の州もその影響を受けて1870年代以降に実施をしはじめる。1870年には公立学校在籍者が約700万人だったのに対し、1900年には1,500万人と約2倍になり、急速に広まったことがわかる。1920年代までに、アメリカの全州が義務教育制度を確立している。ドイツでは義務教育制度の確立が遅れ、第一次世界大戦の敗戦後成立する、ワイマール共和国まで待たなければなかった。

(5)「学校」＝「教育」という図式の成立

前項で見たように欧米各国で19世紀後半、一気に公教育制度が確立した事情をみたが、次に取り上げるのは、教育機会の均等化の成立である。ヨーロッパ各国は、この当時成り立ちが異なる出身階層ごとの学校が用意されていた。こうした複線型学校制度が見直され、初等教育段階での統一化が進められ、その結果、異なった成り立ちをもつさまざまな学校が、1つの国家の下に初等教育を共通とする分岐型学校制度へと整理されていった。20世紀初頭におけるこうした動きは、統一学校運動とよばれている。

こうした統一学校運動や無償の義務教育の法整備の結果、すべての子供たちを対象とするという公教育の理念がようやく実現をみるのである。公教育の理念の実現と同時に、19世紀後半のヨーロッパで未就学児は、ほぼ皆無になる。こうして19世紀初頭には一定数いた、子供を一定期間家庭から隔離することに対して労働力を取られたと困る親は消滅する。これはもちろん前項で紹介したように各国が義務制の公教育を法制化して推進したことが要因であるが、そのほかに、教育の主役が家庭や社会から完全に学校に移り、学校へ行かなければ社会で生きづらくなる、という空気が生まれたことも原因である。これについて、知識観の変化とその学校への影響を見てみよう。

これらの義務教育制度の進展に並行して、教育内容も引き続き大きな変化を

迎えたことは、3節と4節の各所で説明した。振り返ると、19世紀前半、まだモニトリアル・システムが隆盛だったころの学校は「3 R's」を教えることで事が足りた。しかし産業革命や科学革命、資本主義化などの社会の大変革によって、労働には知識、つまり機械操作技術やそのための基礎科学の知識が必要となる。そのような状況の中「社会に有用な知識こそ、知識である」と知識観が変化する。社会は「仕事に従事するための基礎知識と技術」の教育を近代以降の学校に要請し、学校で学んだ子供たちは、学校で学んだ内容をもとに社会を支える労働力となるのである。

　その結果、学校で得た知識・技術の多寡が子供の将来のあり方・生き方に大きく作用する時代が到来する。つまり学校で得た知識量に応じて、社会での活躍の度合いが変化するのである。そして、高度な知識・技術の教育を一手に引き受けるようになった学校教育が、人間の一生を決めるような大きな力を握るようになる。

　この知識・技術の多寡は、学歴という指標で示されるようになる。学年制を学校が取り入れたことにより修了学年や卒業学校の程度が「子供は何をすでに学んで、どの程度身につけているか」という指標となった。思想家イリイチ（1926-2002）の指摘によると「学校化」した社会では「子供たちは教育すれば身につける」という誤解を背景にして、受けた教育の多寡がその子供の社会的な評価に直結するとしている。その結果、学歴が子供の評価を決め、その後の社会でのステータスに大きな影響を与えるようになったのである。

　こうして、学校に行かないと生きづらい社会が成立する。学校へ子供を通わせることに疑問をもつ親が過去に存在したことは驚愕さえ感じられるようなことになり、身をすり減らしてでも子供を学校で学ばせ、可能なかぎり上級学校に進学させることが家庭の夢となる。これは、現在からほんの約100年前に到来し、国家と家庭との共通の見解として定着し一般化したのである。

　その結果、「すべての子供たちが社会に出る前にかならず「学校」を経由しなければならない」という仕組みが、まったく新しく作りだされ、そして疑われることのない社会通念となった。この社会通念が、「学校に行くことこそが、

教育を受けること」「学校でのみ学習することができる」「学校でどのように過ごしたかが、その子供の一生を決める」という現代の一般的な意識のより所となるのである。

＊　　　　＊　　　　＊

　以上、学校の歴史を概観してきた。世界史を振り返ると、洋の東西を問わず世界各地に「学校」という教育機関は古くから存在していた。しかしこれらの教育機関は、かぎられた特権階級のものや、宗教者のためのものであった。一方「子供には教育が必要である」「子供は、学校にはかならず行かなければならない」という論理は、19世紀にヨーロッパで成立した国家が行う公教育制度の誕生と、この制度の世界的な広がりにもとづいたものである。社会における学校の重い役割は、現代から振り返ると長くてもここ200年間に担うようになったもので、決して歴史的にも普遍とは言えないのである。

　これらの世界的な趨勢を背景に、次の章からわが国の現代の学校教育がどのように構築されていったかを見ていこう。

●課題

Q1．近代以前の学校と私たちが知っている小学校、中学校等とを比較すると何が大きく違うのか、学校で学ぶ者、教育内容やスタイルの視点で比較してみよう。

Q2．この約100～200年ですべての子供を教育する存在となった学校が得た大きな力は、なぜ歴史的に普遍とはいえないのだろうか。理由をまとめてみよう。

●参考文献

アリエス,Ph.(1983)『「教育」の誕生』中内敏夫・森田伸子編訳、新評論(原著1972年、1978年)
市川博・斎藤秋男(1975)『中国教育史』(世界教育史大系　4)、講談社
イリイチ,I.(1977)『脱学校の社会』東洋・小澤周三訳、東京創元社(原著1970年)
梅根悟(1967)『世界教育史』改訂新版、新評論
江藤恭二・篠田弘・鈴木正幸編(1992)『子どもの教育の歴史――その生活と社会背景をみつめて』名古屋大学出版会
小黒浩司編著(2010)『図書及び図書館史』(JLA図書館情報学テキストシリーズ2　12)、日本図書館協会
川崎源編著(1979)『西洋教育史』(現代の教育学)、ミネルヴァ書房
コメニウス,J. A.(1995)『世界図絵』(平凡社ライブラリー　129)井ノ口淳三訳、平凡社(原著1658年)
佐藤英一郎(1975)『西洋教育史』、秀英出版
多賀秋五郎編著(1977)『古代アジア教育史研究』日本学術振興会
田口仁久(1975)『イギリス学校教育史』学芸図書
野田又夫編(1965)『ルネサンスの人間像』(思想の歴史　5)、平凡社
フーコー,M.(1977)『監獄の誕生――監視と処罰』田村俶訳、新潮社(原著1975年)
ペスタロッチー,J. H.(1993)『隠者の夕暮・シュタンツだより』改版、(岩波文庫)、長田新訳、岩波書店(原著1780年)
柳治男(2005)『〈学級〉の歴史学――自明視された空間を疑う』(講談社選書メチエ)講談社

第3章　公教育の黎明と受容過程──日本の学校教育の歴史（1）

　本章では、おもに日本における公教育の成立過程が概説される。西洋社会では宗教改革・産業革命・市民革命等を経て公教育制度が誕生していったが、歴史的背景の異なるわが国は、西洋と同様の過程を経たわけではない（第2章3・4を参照）。それにもかかわらず、現代ではわが国でも公教育制度は確立されており、誰もが「子供には教育が必要である」と強く思うにいたっている。本章では、どのようにしてわが国の公教育制度が確立されていったのか、そして、私たちがどのようにして「子供には教育が必要である」と強く思うようになったのか、その歴史的過程をたどっていこう。

　なお、本章は、公教育制度がその黎明を迎える以前、江戸時代から説明を始めることにする。なぜなら、西洋社会のそれと同じくわが国においても、まったく何もなかったところに公教育制度が突然つけ加えられたわけではなく、寺子屋等における庶民の教育が広く行われ始めるという基礎が江戸時代にはすでにあったと考えることもできるからである。また、本章は公教育制度がほぼ確立したと考えられる明治・大正期をやや越えて、太平洋戦争の終戦期までをたどるものとする。なぜなら、「子供には教育が必要である」と考えている現代の私たちがよく知る教育制度も、終戦を機にまったく新しく（非連続的に）芽生えたものではないからである。次章で扱われる終戦以降の教育制度・教育改革の直前まで、日本の公教育制度やその背景となる日本人の教育観がどのように変化していったか、その軌跡を追ってみよう。

1　近代教育前史──近代との連続と非連続

　近世（室町時代末期–江戸時代）の日本と近代（明治時代–第二次世界大戦終了）の日本とでは、一見まるで別の国であるかのように感じられるかもしれない。

それほどまでに、江戸時代初期以来の鎖国を解き、西洋の文物や制度を大胆に取り入れていった幕末−明治維新間における日本の変化は、大きいものであった。しかしながら、たとえ政治を主導する者や統治の仕組みが大きく変わったとしても、街で商いを営む人々や農村で田を耕す人々が、瞬時に丸ごと入れ替わったわけではない。江戸時代までに積み重ねられてきた学問や教育の成果が、とつぜん消えてなくなるわけでもない。ここでは、江戸時代の学校教育を学ぶことを通して、近代以前と近代以後とで、何が変わり、何が変わっていないのかを考えていこう。

（1）民衆教育

「寺子屋」と呼ばれる教育機関の存在を、おそらく見聞きしたことがあるだろう。江戸時代においては（そのすべてが「寺子屋」と呼ばれていたわけではないが）、庶民の子供が読み書きそろばん等の技能を身につける場として、広く普及し、その数は1万を超えていたといわれる。もちろん当時と今とでは日本の人口も違えば、寺子屋ごとの規模の大小もさまざまであって、現代と比べるのはおかしなことではあるのだが（江戸中−後期の人口は3,000万人程度だったといわれるため、単純に現代に置き換えると4万以上の寺子屋がある計算になる）、1万という数は、現代日本における中学校数に匹敵する（2017（平成29）年度の「学校基本調査」によれば、小学校は2万95校、中学校は1万325校）のである。いかに寺子屋が広く普及していたかを想像することができるだろう。

　こうした寺子屋では、「往来物」と呼ばれる手紙の文例集の体裁をとった教材が、読み書きの教材として用いられていた。そのためか、19世紀における日本人の識字率は、世界でも珍しいほど高かったといわれる。

　ここで注意してほしいのは、この時代には義務教育制度はなかった、ということである。つまり、これは幕府の政策によって直接的に引き起こされた現象ではないのだ。民衆の間に、読み書きそろばん等を身につけるなんらかの強力な動機づけがあって、それを満たすために寺子屋が自然発生的に増えていったのである。当然に、指導体制や学習形態、カリキュラム等に関しても、幕府の

方針があってそれに沿っていたというわけではないため、千差万別であって、寺子屋の教育とはこのようなものだと、一概に語ることもできない。

そのような状況においても、確かにいえそうなことがある。それは、当時の日本社会が、読み書きそろばん等の知識技能を身につけることが、庶民が人生を送る上での利益となるようなものであったということであり、かつ、庶民の子供がそれを身につけるために学ぶことを許していた、いいかえれば、学ぶことを可能にしていた、ということである。このことは、近代以降の教育制度を構築するにあたって、少なくともその素地を形成していたものとなったであろう。

（2）武士階級の教育

武士階級の教育は、幕府や藩によって運営された学校において行われていた。これらはおもに、官吏養成のために武士の子弟を学ばせる学校であった。幕府は、昌平坂学問所という学校を設立・運営している。これは、古くは林羅山（1583-1657）らによる朱子学研究・教育の場であった林家塾、湯島聖堂を拡大発展させ、1790年に幕府直轄の学校としたものである。なお、幕府が各藩に朱子学を教えたり学んだりすることを強制した、という事実はない。いわゆる寛政異学の禁と呼ばれる、老中松平定信（1759-1829）による朱子学以外の教授禁止通達は、この昌平坂学問所のみを対象としたものであった。

各藩では、藩校（藩学）と呼ばれる学校が、多くは18世紀後半に設置されていった。有名なものとしては、会津藩の日新館、米沢藩の興譲館、水戸藩の弘道館等があげられる。藩校（藩学）では当初、林家塾を参考にした、朱子学をはじめとする儒学を中心にした教育が行われ、後期には兵学や医学、天文学といった実用的な学問の教育も行われるようになっていった（ただし、儒学を廃した藩校（藩学）はなかった）。

儒学とは、孔子（B.C.551?-B.C.479?）のことば・思想が記された『論語』などを含む漢文テキスト群（四書五経）を学ぶ学問であって、朱子学はその一派で、朱熹（1130-1200）によって構築されたものである。いってみれば、中国の

政治思想や道徳思想を学ぶ学問なのであるが、意外なことに、これによって武士階級に蘭学（オランダ由来の学問）や洋学（西洋の学問）が嫌悪され排除されていった、ということは起こらなかった。むしろ、蘭学や洋学は積極的に導入されていったのである。1811年の蕃書和解御用（翻訳所）が設立以来、洋学所、開成所等と名を変え対象学問を拡充し、西洋近代諸学問の研究・教育を行う場となっていったことからも、その積極的な態度を推しはかることができよう。

実は、朱子学には、あらゆる学問が扱う「理」（今でいう物理や心理をふくむ）を集約・究明していくことで、この世界のすべてを認識することができる、という思想（格物窮理）があった。そのため、西洋近代諸学問の扱う「理」も、それほど抵抗感なく扱うことができたというわけなのである。ここにも、明治以降の西洋化・文明開化の素地をみることができよう。

（3）郷校（郷学）・私塾

郷校（郷学）は、多くは各藩が設けた学校であり、藩校（藩学）の分校的な役割をもつ武士階級のための学校もあれば、庶民のための、寺子屋よりやや程度の高い教育を行う学校も存在した。なかには、岡山藩の閑谷学校のように、武士と庶民とが区別されずに入学し、ともに学ぶことのできた学校もあった。

私塾とは、その名のとおり私立の学校であり、学校ごとに自由な学問・教育が行われた。入学者も、身分を問わずに受け入れたものが目立つ。有名なものには、本居宣長（1730-1801）による国学の鈴屋、吉田松陰（1830-59）による漢学・兵学等の松下村塾、緒方洪庵（1810-63）による蘭学の適塾、福澤諭吉（1835-1901）による英語の慶應義塾などがある。慶應義塾がここに含まれていることから、現代でいう私立大学のようなものであったと考えると、理解しやすいであろう。

（4）近世と近代の連続・不連続

ここまで、江戸時代の学校教育を概観してきた。日本はこれ以降、明治時代から学校教育制度を足早に整備していく。それらは、何らの基礎となるものも

なく、ゼロから奇跡的な情熱・努力によってのみなし遂げられたといえるものであったのであろうか。ある意味においては、そうもいえるかもしれない。なにしろ日本には、義務教育制度はまったくなかったのである。中学校、高等学校、大学といった学校もなかった。その意味では確かに、近代とそれ以前の教育とでは不連続である、すなわち、なかったものを新たに作り上げ、教育をすっかり別のものに変えた、ともいえるであろう。

しかしながら、別の一面においては、近世の日本社会は教育に比較的熱心な社会であり、近代以降における学校教育制度の基礎となるものをすでにその内に育んでいたということはできないであろうか。すなわち、寺子屋や郷校（郷学）が近代以降でいうところの初等教育・中等教育の場として、藩校や昌平坂学問所は国公立の、私塾は私立の中等・高等教育の場として機能していたのではないだろうか、ということである（これらは、明治維新後に施設・設備等が実際に転用されていた例もみられる）。また、朱子学が西洋近代諸学問を受容する基礎となった側面も無視されるべきではないだろう。すなわち、近世の教育は、次の時代以降における教育の礎となったという意味で、近代の教育と連続したものであった、という考え方もできるのである。

2　義務教育制度の始まり

(1) 学制から改正教育令まで

明治政府は、江戸時代の間続いた幕藩体制をあらため、西洋的な意味での近代的中央集権国家をつくろうとした。教育制度もむろん例外ではない。当時、日本の課題は、何よりも富国強兵をなし遂げ欧米列強による日本の植民地化を防ぐことであった。そのためには、もちろん産業を興したり軍事力の向上を図ったりすることも必要である。しかし、幕府や藩という規模でそれを行っても、そもそも近代西洋国家の規模に対抗することはほとんど不可能であった。そのため明治政府は、幕府や藩がそれぞれの「必要」にもとづいてばらばらに行っていた学校教育制度を一本化させ、国全体の「必要」にもとづいた公教育

制度を発足させた。すなわち、「日本」という国を一体化させ、欧米列強の圧力に抗しうる国力を養うための教育制度を整備することが、大きな課題であったのである。

日本における公教育の歴史は、1871（明治4）年に文部省が設置された時点から始まるといってよいだろう。翌1872（明治5）年には、「学制」を公布し、全国に大学区（8）・中学区（1大学区に32）・小学区（1中学区に210）を設け、それぞれに大学・中学・小学を1つずつ設置するという計画を打ちだした。なお、この学制公布の前日に、学制の前文ともいえる「学事奨励に関する被仰出書（おおせいだされしょ）」が頒布されていることに注目されたい。その内容は、①藩や国家のためにではなく、個人の立身出世や経済的な成功を目的とすること、②実学重視、③国民皆学、④受益者負担というものである。このうち、国民皆学の原則は、義務教育制度、すなわち身分の区別なく、国民すべてに初等教育を課すことを明確にしたものである（第6章1を参照）。これにともない教育行政事務を担当する「学区取締」がおかれ、就学の届出受け付けや、就学の督促を行うなどの、いわゆる就学事務をも担任することとしたのである。

この学制により、日本は義務教育制度の第一歩を踏みだした。ただしこの当時、日本の民衆の大部分は貧しく、受益者負担による学校の設置や運営は難しい状況にあったため、就学率は国民皆学からはほど遠かった。1875（明治8）年にいたっても、予定では5万校以上設置されるはずだった小学校の設置数は2万5,000弱であり、就学率も約35％にすぎなかった（図3-1）。旧身分を問わない皆学方針への理解浸透も十分ではない上に、授業料

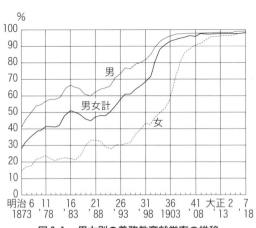

図3-1　男女別の義務教育就学率の推移

はおろか学校の設置費用さえも地域で負担しなければならなかったという経済的理由が重なり、一部の地域では学校打ちこわしの暴動が起こるなど、学制公布後の学校教育への不満は小さくなかった。ただし、たとえば筑摩県（現在の長野県・岐阜県の一部）では72％の高い就学率をほこるなど、義務教育制度確立に比較的熱心だった地域もある。義務教育制度への民衆による支持・不支持は、府県・地域ごとに大きく差があったというべきであろう。

　こうした状況下で学制は廃止され、1879（明治12）年には、いわゆる「自由教育令（第一次教育令）」が公布された。これは、米国の教育行政を参考にして、画一化せず地域の実情に応じ、伝統を重んじるなどの方針をもって立案されたものであった。さらに、狭い学区ごとに小学校を設置させるのではなく、町村を公立小学校設置の基礎とすることで、設置の負担を緩和し、また学校以外での普通教育を受けることを認め、かつ公立小学校への就学を最短で4年間とし、かつ1年に4カ月以上授業をすればよいものとするなど、就学の負担をも緩和するものであった。こうした施策により、学制への不満の要因となっていた民衆の負担を大幅に軽減しようとしたのである。むろん、これは最低基準を示したものと解するべきであって、地方の実情によってはより教育の普及をすすめることもできたはずである。しかし、この自由教育令は、結局は就学率の低下、学校の廃止などの問題を招いたとして、翌年にいわゆる「改正教育令（第二次教育令）」がだされることになった。これは自由教育令と比較すると、文部卿や地方高官の権限を拡大して、学校教育への干渉を強化するものであった。また、これにより、就学は最低でも3年間、相当の理由がなければ最長で8年間とされ、年間の授業も32週以上に延長された。その結果不足した財源を埋めるべく、授業料徴収が町村の義務とされたのである。

（2）学校令と義務教育制度の完成

　1886（明治19）年、初代文部大臣である森有礼（1847-89）の尽力により、従来の教育令が廃止され、学校種ごとの勅令すなわち「小学校令」「中学校令」「帝国大学令」「師範学校令」が公布された。この中で、小学校については、尋

常小学科および高等小学科（各4年間）に分けられ、このうち尋常小学科への就学義務が明記された。また、1890（明治23）年の第二次小学校令においては、学齢児童を就学させるに足る尋常小学校の設置が、今日と同様に、市町村に義務づけられることになった。さらに、1900（明治33）年の第三次小学校令においては、尋常小学校の授業料徴収を廃止し、義務教育の無償制を実現させた。ここにおいて、わが国における義務教育制度は、現代のそれとほぼ同様の就学義務・設置義務・無償制を確立させたといえよう。ほぼ明治期全体を通して上昇しつづけた就学率は、ついに明治末期には90％を超えたのである（図3-1）。なお、この第三次小学校令において2年制の高等小学科の併設が推進され、1907（明治40）年に実現することとなる義務教育6年制化の礎となったことを付記しておく。

　就学率向上の道のりは、けっして順風満帆だったわけではない。古来、家庭や村落の重要な働き手であった子供を就学させるためには、この上、いわゆる避止義務を徹底させることが求められる。しかし、近代化を急激にすすめた日本における幼年・少年労働者の問題は根深く、政府は人身売買の禁止や、徒弟の年季制限（ともに1872（明治5）年）の段階から始めなければならなかった。その後、第三次小学校令への改正時に、雇用により就学を妨げてはならないと定められたものの、幼年・少年労働の問題が解決されたわけではなかった。現代とほぼ同様の避止義務制度が確立するのは、1911（明治44）年の「工場法」制定から、大正期における各種業種の最低年齢法の制定など、遅々とした長い道のりを経て、遠く第二次世界大戦後、1947（昭和22）年の「学校教育法」および「労働基準法」の制定までまつことになる（第6章1を参照）。

3　公教育制度の発展

（1）中等教育・高等教育の整備

　中等教育を行う学校は、小学校の整備がすすむにつれて、その卒業生が進学する学校として、徐々に整備されていくことになった。1886（明治19）年の中

学校令公布により、府県に各1校ずつの尋常中学校と、その卒業生の一部を受け入れる高等中学校を全国に5校設置することとされた（後に尋常中学校は中学校に、高等中学校は高等学校に改められる）。さらに、1891（明治24）年には中学校令が改正され、府県のみならず郡市町村も中学校を設置することができるようになった。ただし、これはいわゆる「旧制中学校」であって、帝国大学など高等教育の学校へと進学する男子を教育する場として整備されたものである。そのため、今日の中学校とは大きく異なり、学費も高く、入学者もけっして多くはなかった。

　中等教育への需要が徐々に高まるなか、1900（明治33）年の第三次小学校令における高等小学校附置が推進されたほか、その前年の1899（明治32）年には、第三次中学校令、「高等女学校令」「実業学校令」が公布されていた。これにより、高等女学校や実業学校が、中等教育の場として広く入学者を受け入れることになったのである。

　帝国大学大学令以後、中等教育の充実にともない、おもに高等中学校（のちに高等学校）の卒業者が進学する帝国大学も整備がすすめられた。はじめ東京に1校だけであった帝国大学は、1897（明治30）年の京都帝国大学の設置を皮切りに、東北、九州、北海道と、順次設置されていった（最終的には9校）。そうした帝国大学は国家の要請に応える学術研究を行う大学院と、現在の学部段階にあたる教育を行う各分科大学とから構成された。

　中等教育の充実は、帝国大学以外の高等教育機関の充実をもうながした。江戸時代以来の名門私塾や、明治期になってから設置された実業学校などを加えた各種の教育機関には、1903（明治36）年の「専門学校令」により統一的な基準が設けられた。なお、こうした専門学校は、一定の基準を満たせば「大学」と名乗ることができ、そうした「大学」の多くは、のちに1919（大正8）年の「大学令」により正式に大学として認められることとなった。

　このように、わが国の中等教育・高等教育の基礎が固められていったが、その接続形式は分岐型とよばれるものであり、今日のそれに比べ、かなり複雑なものであって、格差の生じやすい、あるいは格差を固定・助長しやすいもので

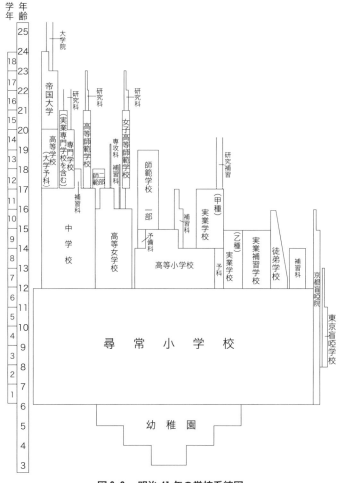

図 3-2　明治 41 年の学校系統図

あった（図 3-2）。ほぼすべての子供が通うことが想定されているのは尋常小学校のみである。中等教育においては、高等小学校、中学校、高等女学校、実業学校など、多様な中等教育の学校が存在しており、さらに高等教育においても、今日では大学に一本化されているものが、帝国大学、専門学校などに分かれていた。こうした状況において、中学校から、高等学校、帝国大学へと進学

するのはわずかな者にかぎられ、経済的に恵まれた一部の人々がその多くを占めていたのである。

(2) 教員養成制度の整備

　学校教育を受ける者が多くなれば当然に、教員の数を増やす必要が生じる。中等教育、高等教育が発展すれば、それだけ専門的で多様な知識・技能をそなえた教員を必要とする。すなわち、公教育制度を発展させるためには、組織的・体系的な教員養成の仕組みをも構築することが欠かせないのである。

　1872（明治5）年9月の「学制」公布に先だち、同年7月に官立の東京師範学校が設置された。翌年以降には、大阪、宮城など各地に官立師範学校が、また東京には女子師範学校も設置されていった。その後、各地方の官立師範学校は廃止されていったが、1880（明治13）年の「改正教育令」公布にともない、各府県が師範学校を設置するものとされ、全国的に教員養成が行われることになっていった。また、このように師範学校が増えていけば、そこで教える教員もそれだけ数が必要になる。そこで、1886（明治19）年には「師範学校令」が公布され、東京に尋常師範学校の校長および教員を養成する高等師範学校が設置されることになり、各府県は公立小学校の校長および教員を養成する師範学校（尋常師範学校）を設置するものとしたのである。

　1897（明治30）年に「師範学校令」は改正され「師範教育令」となり、東京に（のちに広島にも）高等師範学校および女子高等師範学校が、各府県に1校以上の師範学校が設置されることになる等、教員養成制度はさらに発展をみせる。こうした師範学校の学生には、全寮制での生活や訓練には厳しい規律の遵守が求められた一方で、学費等が支給されるなど経済面での大きな支援があったため、経済的に豊かではないが優秀な学生や教育に情熱をもった学生が多く入学していた。また、高等女学校などにおける中等教育を修了した女性の中には、師範学校に進学する者も多くみられた。しかし、それでも教員が十分に確保されているとはいいがたく、教育現場は多くの無資格教員（助教や代用教員とよばれた）の働きによっても支えられていたのである。

また、師範学校以外の学校における教員養成の試みも行われた。大正・昭和初期には帝国大学などにおいて臨時教員養成所、私立の大学や専門学校において師範部や師範科が設置されるなど、教員になるための間口は徐々に広げられていった。こうした教員養成制度拡充の背景には、中等教育を行う学校の増加という事情がある。

　ところで、教員免許制度はどのような経緯で成立したのであろうか。もともとは、師範学校の卒業証書が教員としての資格を担保するものであった。免許制度は、改正教育令の公布により、師範学校の卒業証書をもたないものに、検定を行った上で、府県内限定の5年間の有効期間をもつ小学校教員免許状を府知事や県令が授与する制度が発足したのがその始まりである。その後、1885（明治18）年の「改正教育令」の改正により、師範学校の卒業証書所有者にも免許制度が適用されることになった。翌1886（明治19）年のいわゆる学校令の発布以後は、師範学校卒業生および丁年（成年のこと）以上の者であって学力検定に及第した者に免許状が授与されるようになり、これにより免許状制度が確立されたといえよう。その後は、1890（明治23）年の「第二次小学校令」（1941（昭和16）年以降は「国民学校令」）以降、小学校の教員免許状は検定に合格することが要求されるようになった。中等教育を行う学校の教員免許状は、1900（明治33）年に制定された「教員免許令」により、教員養成を目的とする官立学校の卒業者または教員検定に合格した者に授与されることとされた。

　このように学校種ごとに異なる規定が適用されたり、有効期限が設けられたり、検定合格が課されたり、免許状の種類にも普通免許状とは別に地方免許状が設けられたり、免許状に等級が設けられたりと、教員免許制度は複雑で、かつ改革を繰り返しており、けっして安定していたとはいえないであろう。このことは、近代化にともない学校教育制度そのものが構築の最中であったことや、学校系統が分岐型であったこととけっして無縁ではない。戦後の学校教育法により学校系統が単線化されたのち、昭和24（1949）年の「教育職員免許法」制定により、ようやくあらゆる学校種の教員免許制度が一本化して扱われる法令が登場するにいたったのである（第6章2を参照）。

（3）障害児教育の整備

　障害児教育の整備は順調だったとはいえない。学制の中に「廃人学校」に関する規定が設けられたものの、官立の障害児教育施設は当初設けられず、いわば地方・民間先導で普及していった。その中で最も有名なのが、1878（明治11）年の京都盲啞院および1880（明治13）年の東京の訓盲院である。1887（明治20）年ころまでには、経営難などの事情により、京都の盲啞院は京都市営に、東京の訓盲院（このころには訓盲啞院）は官営になったが、これらをもってはじめて国公立の障害児教育施設が誕生したことになる。そして1890（明治23）年の第二次小学校令、1900（明治33）年の第三次小学校令などにおいてようやく盲啞学校の設置や教員の資格などが法的に位置づけられるにいたった。

　しかし、障害児教育の営みの多くは、民間による慈善事業という性質をもっており、就学義務および設置義務の確立、普通教育の実施、教員養成制度の確立、公金による財政基盤の構築などの課題が山積した。また、これは現代からみると時代の流れに逆行しているかのようにみえるが、視覚障害・聴覚障害といった複数種の障害児たちを1つの学校で教育することの不利が現場で問題となり、盲学校と聾学校とを分離させるべきと考えられた。こうした問題は、1910（明治43）年の「東京盲学校規程」および「東京聾啞学校規程」、1923（大正12）年の「盲学校及聾啞学校令」などにより少しずつ対処されてはいったものの、就学義務制度が完成するのは、遠く昭和の中期以降となった。

　知的障害児（当時は精神薄弱児とよばれた）の教育は、重度か軽度かで事情が異なっていた。まず、重度の知的障害をもつ児童は、1891（明治24）年の孤女学院（1897（明治30）年に滝乃川学園となる）をはじめ、民間団体によって教育が行われた事例はあるものの、多くは就学免除・猶予制度により、事実上教育の機会を制限されていたともいえる。また、軽度知的障害児の多くは教育の機会を制限されたわけではなかったが、尋常小学校において、学力劣等児・学力不振児としての扱いを受けていたのである。その後の病理学や精神医学の発展を背景として、師範学校附属小学校などにおける研究がすすむようになり、大正後期から全国的に特別学級が設けられるようにはなっていった。

この時期には、従来は児童保護施設や病院に預けられていた肢体不自由児や病弱児への教育が、民間団体や一部の公立学校において行われるようになっていった。とりわけ大都市の小学校においては「養護学級」が大正後期・昭和初期に設けられるようになっていった。

（4）幼児教育の整備
　学制には小学校の一種として「幼稚小学」が記されているが、実際には設置されなかった。1876（明治9）年、東京女子師範学校附属幼稚園が、ドイツのフレーベル（第1章2を参照）による幼稚園をモデルに開業した。小学校への就学率さえもなかなか上がらない中で幼稚園に入学したのは、経済的に裕福な家庭の子供であった。

　1879（明治12）年の自由教育令においては、幼稚園は学校とは区別された別種の教育施設として扱われたものの、文部卿の監督下とされ、いわば学校外でありながら学校としての扱いを受けることとなった。翌年の改正教育令には設置や廃止に関する認可・開申制度が定められ、幼稚園制度の法的な基礎整備が行われた。その後、各地の師範学校に附属幼稚園が設置されるようになっていくとともに、経済的な余裕がなく家庭教育が十分でない子供を受け入れる簡易幼稚園の設置が奨励されるようになり、しだいに幼稚園教育が全国的に普及していった。とりわけ、明治末期における私立幼稚園の増加は目覚ましかった。

　幼稚園の増加にともない、法的整備がさらにすすめられるようになった。第二次小学校令にもとづき、1899（明治32）年に今日の幼稚園設置基準にあたる「幼稚園保育及設備規程」が定められ、これが翌年の第二次小学校令の施行規則に加えられた。1926（大正15）年には、他の学校種と同格ともいえる独立した法令である「幼稚園令」が定められるにいたることになる。

（5）教育課程の整備と教育勅語の発布
　学制発布の翌月に公布された「小学教則」は、今日の学習指導要領にあたる最初のものであるといえよう。ただし、この「小学教則」は、西洋の教育課程

を模範として作成された、日本の学校にとっては全く新しいものであって、寺子屋や藩校(藩学)から転換されたばかりの学校が多かったこの時期においては、有効に機能したとはいえなかった。そこで師範学校における研究が行われ、日本の実情に応じており、かつ、富国への教育改革を推進するものとなりうる教育課程・教育方法・教育内容が模索されていったのである。

その後、1879(明治12)年、仁義忠孝の精神を育成することを勧める「教学聖旨」およびそれにもとづく改正教育令によって、欠くことができない教科として修身・読書・習字・算術があげられ、修身がその筆頭とされた。これには、知育偏重への反省にもとづく徳育導入という意義と、後の教育勅語へといたる教育観・望ましい人間像が示されたという意義とがある。この改正教育令にもとづく1881(明治14)年の「小学校教則綱領」によって、ようやく全国統一的な教育課程が実現されたのである。

同時に、自由民権運動の高まりを背景として、それまで自由採択であった教科書に(使用禁止図書はあったが、教科書の採択にあたって届け出たり許可を得たりする必要はなかった)、教科書開申制度が導入された。これは1886(明治19)年の各学校令公布時に、検定制度に移行する(さらに、いわゆる「教科書疑獄事件」をきっかけに、1903(明治36)年には教科書は国定制度に移行した)。これにより、ある思想・道徳観にもとづく徳育が全国統一的に行われるための制度的な基礎が築かれたともいえよう。

なお、この時期には、学制期の「小学教則」の時代にはわが国ではまだまだ研究の端緒についたばかりであったスイスのペスタロッチー流の開発教授法が徐々に普及し、以降の教授法や教科書編成に大きな影響を与えた(第1章2、第2章3(4)を参照)。

1889(明治22)年、「大日本帝国憲法」が発布された。その第1条に表された皇国史観・忠義忠孝の精神にのっとり、翌1890(明治23)年に「教育勅語」が発布される。皇国の神聖さ、父母への孝行、あるいは公の精神をもって皇国の繁栄に尽くすことなどを説いたこの勅語は、教育の根本精神として長く国民の心のより所となった。なお、「勅語」とは天皇からのことば、という意味で

あるが、この「教育勅語」は、天皇やその近辺の意向を国民に一方的に示したものとばかりはいえない。同年の地方官会議において府県知事一同より文部大臣に建議された「徳育涵養ノ義ニ付建議」が、地方の実情を国の教育方針に反映させるものとなったという側面もあるということを付記しておく。また、勅語発布の直前に小学校令が改正されているが、これにもとづく「小学校教則大綱」が翌1891（明治24）年に制定される。これは10年前の「小学校教則綱領」に比べ、各教科の目的や内容を詳細に規定するものだったが、とりわけ「徳性ノ涵養」を最も重視し、これをどの教科でも扱うこととした点が特筆に値する。

（6）新教育運動の広まり

　明治末期の日露戦争に勝利したことは、いわば富国強兵国策の成功を象徴するものではあったが、大正時代には、その反動ともいうべき平和主義・自由主義が世間に広がっていった。また、資本主義国家に特有ともいえる労使関係のゆがみがこの時期には大きくなり、労働者を中心に社会主義思想が流行した。

　こうした、いわゆる大正デモクラシーとよばれる状況を背景に、師範学校附属小学校や私立学校を中心に新しい教育が展開された。代表的な例としては、明石女子師範附属小学校や、1917（大正6）年に創設された成城小学校の取り組みがあげられる。そこでは、個性尊重の原則や、科学的研究にもとづく教育、自然に親しむ活動、少人数の学級編制など、先進的な教育等が行われた。ここには、アメリカのデューイ（1859-1952）等の理論にもとづく、いわゆる「子供中心主義」の教育など、20世紀初頭の世界的な潮流であった新教育運動の、日本における萌芽を見いだすことができる（第1章2を参照）。さらに芸術分野では、鈴木三重吉（1882-1936）が創刊した児童雑誌『赤い鳥』における童謡・童話の創作、子供による詩や綴方の紹介など、子供を主人公とした文芸活動が活発に展開された。この他、多くの分野で子供の自由な発想力を伸ばそうとする活動が行われた。

4 第一次・第二次世界大戦時の公教育

(1) 臨時教育会議——第一次世界大戦時

　日本は、大正初期の第一次世界大戦に勝利をおさめたものの、けっして安泰であったわけではなかった。世界情勢はこの時代に民衆の蜂起により帝政ロシアや帝政ドイツが滅亡するなど、予断を許さぬ激動のただ中にあった。国内的にも、大戦にともなう好景気とその後退、産業構造の急速な変化による都市化・工業化等が次々と起こり、安定していたとはとてもいえない状況であった。

　日本政府はここにおいて、教育勅語の精神にのっとった国内の教育をさらに徹底させるべく、1917（大正6）年に内閣直属の諮問機関として「臨時教育会議」を発足させた。同会議は、「国民道徳」の徹底により「帝国臣民たるの根基」を養うことを小学校教育の方針に掲げている。ここからは、当時の国際的な自由主義や社会主義の広まりに危機感をおぼえ、社会の混乱を招くことを避けたいと政府が考えたと、察することができよう。しかしその一方で、あくまで世界情勢への対応の一環としてとはいえ、教育の「画一」の弊害を打破し、地域の実情に応じた教育を提案したり、また記憶重視の教育の排除を主張したりするなど、現代の視点からみると進歩的な側面もみられる。

　さらにこの臨時教育会議は、明治以来の学制全体を改革する会議であると位置づけられ、その議題は小学教育、高等普通教育、大学教育および専門教育、女子の高等教育など教育制度全般にわたっていた。とりわけ、時代のニーズに応えた中等教育および高等教育の充実を提言したことは、同会議のおもな功績とされている。

(2) 国民学校令——第二次世界大戦時

　1929（昭和4）年に世界恐慌が起こる。国家の危機を迎えた各資本主義国家は、おのおのの経済政策を展開したが、これをきっかけに英米仏と日独伊のあいだに政治的な緊張が生まれ、やがて第二次世界大戦が勃発する。1937（昭和12）年、中国との全面戦争を開始した日本ではその翌年に「国家総動員法」が

施行され、戦時色を日々強めていった。

　こうした情勢のもと、1937（昭和12）年に内閣直属の諮問機関として「教育審議会」が発足する。同審議会の答申にもとづき、1941（昭和16）年に「国民学校令」が公布され、従来の尋常小学校が6年制の国民学校初等科、高等小学校が2年制の国民学校高等科とされた。なお、これにともない、6年制であった義務教育が延長され、8年制となるはずであったが、太平洋戦争が激化していく中での混乱により実施されなかった。ただし、この時期にはすでに、義務教育を延長するまでもなく、多くの子供が高等小学校に進学するにいたっていた。この後、義務教育の延長が正式に実現されたのは、戦後の1947（昭和22）年に制定された学校教育法によってである。

　国民学校の教育は、戦時下の国家主義を色濃く反映するものであった。その教育は「錬成」とよばれ、国民学校は皇国民の錬成という最高目標達成のための基礎を培う場とされた。このことは、たとえば、修身・国語・国史・地理が「国民科」に統合されるなど、各教科・科目が「皇国民の錬成」を達成するために整理されたことからも理解できよう。その他、御所に向かっての朝礼（宮城遥拝）および行進が毎日行われたり、学校のあちらこちらに神棚がおかれたりするなど、各学校では心身一体の錬成を実現させるべく、あらゆる環境設定が行われていった。このこと自体の是非はさておくとしても、心身の調和の取れた発達を期しての全人教育や、学校・家庭・社会の連携など、そこにこめられていた目標・理念は現代の学習指導要領のそれにも通ずるものであり、この時代においてすでにこうした視点が重視されていたことには注目すべきである。

　この他にも、中学校における軍事教練の実施、実業学校における工業生産教育への転換、青年学校への就学義務化など、挙国一致体制実現に向けた教育改革が次々と行われたが、戦況は悪化してゆき、修業年限の短縮、学徒動員、学徒出陣、教師の出征、学童疎開など、学校教育の現場は急速に混乱を深めていった。幼稚園の多くは閉鎖され、1945（昭和20）年度からは国民学校初等科以外の学校における授業は停止された。そしてついに、同年8月15日正午、日本は降伏を宣言した。1872（明治5）年の学制以来、幾度もの改正・改革を

経て作りあげられてきた日本の教育理念や学校教育システムは、以降大きな転換を迫られることになる。

＊　　　　　＊　　　　　＊

　本章では、近世から近代日本における学校教育の歴史を学び、教育の「必要」性を考察する手がかりとした。江戸時代においては、たしかに武士階級に対しては、たとえば藩校（学）において「よい官吏・武士・藩士になるために」必要とされた教育は行われていたであろう。しかし、庶民に対しては、「一人前の大人になるために」読み・書き・そろばんの技能が必要であるからこれをかならず学ぶようにせよ、といった義務教育は行われていなかった。明治以降、わが国は義務教育の整備を最優先にすすめたが、子供の発達・成長のために必要というよりも、近代国家への転換とその存続のために始められたという側面が強く、教育課程・教育内容も手探りのまま始められたのである。その後学校教育制度は軌道に乗り、中等教育や高等教育の整備がすすめられるなど、義務教育以外へと公教育の範囲が拡張・充実されていった。また、本章では扱わなかったが、社会教育の整備もすすめられていくことになった。公教育制度は、時代の流れとともに変化していく社会の情勢に対応する必要を満たしていくことによってその範囲を広げ、常態化していったのである。第2章ですでにみた、学校による人間形成の独占化が、この日本においても同様に、しかも急速に起こっており、それによって、私たち日本人の教育に対する意識を変化させていったことは容易に推察できるだろう。

　昭和20（1945）年当時、敗戦という大きな国家存亡の危機に瀕しながらも、日本人は公教育の必要性を疑うのではなく、むしろ新しい民主主義国家を建設するために必須のものと考え、その方針を大きく転換することになる。次章においては、昭和20年代以降の日本における学校教育の改革を、おもにカリキュラムの変遷に注目しつつ概観し、教育の「必要性」を考察する手がかりとする。

●課題
Q1．寺子屋で行われていた「教育」と、明治以降の「学校」で行われていた「教育」とは、どのように異なっているだろうか。「教育が必要だ」という観点から考えてみよう。
Q2．日本で「教育が必要だ」と考えられる理由は、明治時代と現代とではどのように異なってきただろうか。
Q3．いわゆる「分岐型」の学校系統は、多様なニーズ（必要）に応えられるといわれるが、その「必要」はどのような意味での「必要」だろうか。

●参考文献
高崎敏（2007）『江戸の教育力』ちくま文庫
山住正己（1987）『日本教育小史――近・現代』岩波新書
文部省（1972）『学制百年史』ぎょうせい
文部省（1992）『学制百二十年史』ぎょうせい
デューイ, J.（1957）『学校と社会』宮原誠一訳、岩波文庫（原著 1899 年）

第4章　教育改革の動向と背景──日本の学校教育の歴史（2）

　本章では、1945（昭和20）年の終戦以降、どのような教育改革が行われてきたかが説明される。1947（昭和22）年に最初の「試案」がだされてから、おおむね10年に一度、学習指導要領は改訂されてきた。そのどれもが、これからの時代を子供たちがたくましく生きていくために「必要」なものを、教えたい、学んでほしい、という切実な願いにもとづいて改訂されてきたものであるはずである。

　しかし、ここに1つ、気がつくべきことがある。なぜ、学校教育に対する批判が絶えないのであろうか、ということである。いつの時代でも、学校教育にはなんらかの批判が寄せられる。日本の子供は受動的だからもっと積極性を育てる活動を取り入れるべきだ、とか、道徳教育のやり方が稚拙だから子供の心が育たない、もっと命の大切さを学ばせなければならない、とか、抽象的な知識の注入ばかりに偏りすぎていて、子供が社会で実践的な課題に対応できない、とか、そういったものである。

　はたして、これまでの教育改革ではこうした批判に対して何も手が打たれなかったのであろうか。それとも、相応の手を打っているのに、効果がでていない、ということなのであろうか。本章の内容を学ぶことを通して、日本で行われてきた学校教育のねらいや内容の移り変わりと、その成果・効果ともいうべき子供・社会の状態・その後の変化との関係とを把握し、現代日本の教育における「必要」の論理がどのようなものであるのかを考察してほしい。

1　終戦直後期の教育制度・教育課程

（1）教育基本法・学校教育法の制定、学習指導要領の登場

　戦後の教育改革は、連合国総司令部に置かれたCIE（民間情報教育局）によ

る指導のもとで行われた。1946（昭和21）年3月の米国教育使節団による報告書を受け、翌年1947（昭和22）年3月には、「教育基本法」「学校教育法」が制定（第5章1・2を参照）され、最初の「学習指導要領」も示された。教育基本法は、前年の11月に公布されていた日本国憲法の精神に則ったわが国の教育の基本・根本精神を定めるものとして公布・施行されたものである。そこには、「個人の尊厳を重んじ、真理と平和を希求する人間の育成」（前文）や「人格の完成」（第1条）、教育を受ける機会の平等（第3条）など、新しい理念や目的が盛り込まれていた（第6章1を参照）。なお、教育基本法と同日に公布・施行された学校教育法により、小学校・中学校・高等学校・大学のいわゆる6・3・3・4制が始まり、戦前・戦時中の分岐型学校制度は単線型に改められた（第3章3（1））。なお、ここでの「中学校」「高等学校」は、誰もが通る単線の上にあるという点で従来のそれとは異なっており、「新制中学校」「新制高等学校」と呼ばれる。また、学習指導要領がだされたのが、学校教育法の公布・施行よりわずかながら早く、学習指導要領の法的な位置づけは未定となった。今日と同様に学習指導要領が法的拘束力をもつ、とされたのは、1958・1960（昭和33・35）年改訂の学習指導要領からである。

（2）昭和22（1947）年学習指導要領（試案）——経験主義教育と民主化

　文部省は、1947（昭和22）年、「学習指導要領一般編（試案）」をだした。この最初の学習指導要領は、軍国主義を下支えした、受動的で画一的な臣民の形成という図式を一掃し、日本民主化の基礎を構築することを願って、子供中心主義・経験主義を基調としたものであった。また、翌年の1948（昭和23）年に「教育委員会法」が制定され、地方自治体に設けられた教育委員会が、地方の実情に応じた教育行政を行うものとされた（第6章3を参照）。

　ここで、「学習指導要領」という名称に注目してみよう。「教育」ではなく、なぜ「学習」指導の要領なのであろうか。1つの理由は、教師中心の知識・技能の教えこみを脱し、子供を学ぶ主体として認識する決意が込められている、ということである。もう1つの理由は、子供が学ぶ道筋（ここでは、自分で目

的をもち、計画をたて、みずから学習を進め、その結果を反省する、という道筋が想定されていた）に沿って指導を行うべきであるという考え方にもとづいている、ということである。そのため、子供の生活をよく見つめ、その生活上必要となることがなんであるか、その必要を満たすためにどのような活動を行うのであるか、といった視点を取り入れていくことで、子供の興味・自発性を、学ぶ道筋をすすむ原動力としてひきだす、という指導方法が構想されていたのである。こうした、子供に能動的・主体的な力をみる児童観や、生活の経験を主要素ととらえた学習活動（「生活単元学習」とよばれた）を提唱する子供中心主義・経験主義的な教育思想は、デューイ（第3章3（6）を参照）の教育論に由来する。

　このような学習指導は、全国で画一的に規定された教育の計画にもとづいて行われるわけにはいかない、ということが察せられるだろう。何しろ、「生活上の要求」だけでも生活環境ごと、子供ごとに異なることが当然に想定されるからである。そのため、この学習指導要領は、あくまでも不完全なものであって、全国の学校・教員による研究の余地が大いにあるものとして「試案」とされているのである。それゆえに、この最初の学習指導要領は、今日のそれに比べて、教育内容・方法が各学校・教員の裁量・創意工夫に負うところの大きいものであった。

　さて、戦後の混乱の中で、子供に「必要」とされたのは、生活環境における身近な問題をみずから解決していく力であった。こうした「必要」を満たすべく、子供の民主主義精神や問題解決能力を培うためのあらたな教科「社会科」や男女必修の「家庭科」が、また子供の興味・関心に沿った学習をすすめるための時間として「自由研究」が新設された。とりわけ社会科は、戦前・戦時中の国史・日本地理等の内容に加えて道徳教育の性質をももち、今日の社会科よりも広い範囲の学習内容を含む、総合学習の性格をもつ教科として、大きな期待をもって創設されたものだった。なお、従来道徳教育を行うものとして設けられていた「修身」は、軍国主義・国家主義的思想排除のため、すでに1945（昭和20）年末に停止されていた。

（3）昭和26（1951）年学習指導要領改訂——コア・カリキュラム推進

1951（昭和26）年に改訂された学習指導要領では、子供中心主義・経験主義的教育思想にもとづき、問題解決学習を中心とするという基調は従来と変わらないものの、制度面でいくつかの細かな変更が加えられた。小学校では、①基礎教科（国語・算数）、②生活の中での問題解決を図る教科（社会科・理科）、③表現活動の教科（音楽・図画工作・家庭科）、④健康の保持増進の教科（体育）の4領域に整理され、それぞれの時間数が総授業時数に対する100分率で示された。このことは、各学校における合科的・統合的学習や時間数の弾力的運用、また各地ですすめられていたコア・カリキュラムの研究・実践を下支えするものであった。また、「自由研究」（自由学習、クラブ活動、当番や委員の活動などが想定されていた）にかわって「教科以外の活動」（中学校・高等学校では「特別教育活動」と呼ばれた）が記載されていた。

なお、コア・カリキュラムとは、なんらかの学習活動を、学校における教育活動の中核（コア）として位置づけ、その他の学習活動を周辺的・補助的なものとして配置する教育課程の考え方である。これが多くの学校で取り入れられた背景には、新しい教科である「社会科」の授業を運営することの難しさがあった（図4-1）。各学校では、「社会科」の教育に取りかかってみたものの、他教科との内容重複や時間不足等の問題に突きあたり、教育内容を整理する必要に迫られていたのである。また、新しい子供中心主義的・経験主義的な理念と、旧来の教科主義的な、現存するさまざまな教科を指導してゆかなければならないという現実との矛盾に悩まされてもいた。そこで、アメリカの「カリフォルニア・プラン」や「バージニア・プラン」といった教育課程を参考にし、

図4-1 『日本のむかしと今 社会科 第四学年用』
　　　文部省 編、東京書籍、1948（昭和23）

多くの学校において「社会科」をコアとして子供中心主義的・経験主義的な学習活動を展開し、その他の教科を周辺的学習活動、すなわちコアの学習活動を支えるものとして位置づける教育課程の研究・実践が重ねられていったのである。

その一方で、1949（昭和24）年ころから学力低下が問題視されるようになっており、基礎学力とは何かが広く議論された。子供の、読・書・算の力が低下しているのではないか、教育内容が浅く雑多なものとなっており、科学・学問のもつべき系統性・思想等から子供を不当に遠ざける結果を招いてはいないか等の議論が重ねられる中で、コア・カリキュラムを中心とした教育課程のあり方は、しだいに変化を迫られていった。

2　経済復興・成長期の教育制度・教育課程

（1）系統主義への転換の背景

1951（昭和26）年、いわゆる「サンフランシスコ平和条約」が調印され、翌年に日本は独立を回復した。このとき以降、日本は高度経済成長、経済大国への道を邁進していくことになる。このことにより、学校教育が担うべきと考えられた役割は、次のようなものである。第1に、産業界の即戦力育成である。経済復興、経済成長を背景に、産業界において即戦力となる知識・技能や態度を身につけた人材の育成が急務とされた。第2に、それまで社会科が取り扱ってきた道徳教育の改善である。敗戦による貧困や社会的混乱のもとでの少年非行の増加（図4-2）や、地理や歴史、社会における問題解決など広い範囲を扱うこととされている社会科において十分な道徳教育を行うことの難しさなどは、道徳教育改善の必要性を示唆していた。第3に、理数教育の充実による科学技術力の向上である。1957（昭和32）年のソ連による人工衛星打ち上げの衝撃、いわゆるスプートニク・ショックにより、科学技術力の向上が西側諸国の課題となり、理数教育の充実を図る国際的機運が生じていたのである。

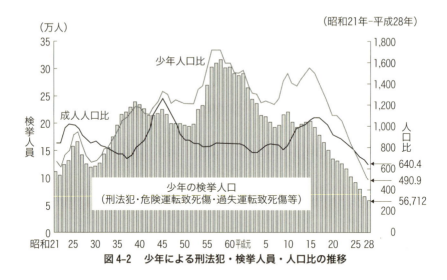

図4-2 少年による刑法犯・検挙人員・人口比の推移

（2）昭和33・35（1958・1960）年学習指導要領改訂——「知識の系統性」

　こうした状況のもとで、従来の子供中心主義・経験主義を基調とした教育のあり方は、大きく改められることになった。まずは1955-1956（昭和30-31）年に社会科が先行して、そして1958（昭和33）年には全面的に（高等学校は1960（昭和35）年）、各教科内容の発展的・系統的な整理を図ったものへと改訂された。また、産業界からの即戦力育成の要請に応えることができるよう、中学校3年生からの選択教科に実業系の科目が設定された。いわゆる「知識の系統性」の実現を主眼としたこの改訂により、学校教育が、個人の資質や特性、興味・関心に応じて、生活上の問題を解決する力を養うといったものから、経済上の国際的な競争力の担い手としての資質能力を涵養するものへと色彩が変わっていったのである。

　また、小・中学校においては社会科から道徳の内容が独立し、新たな領域の授業「道徳の時間」として新設され、また高等学校では倫理社会が必修科目として設立されるなど、道徳教育の充実および社会科の系統化が図られた。社会科の系統化が、戦後直後期の学校教育を大きく転換するものであったことは、

想像に難くないであろう。従来の教育課程は、コアとなる社会科ではおもに問題解決的な学習を行い、周辺に位置づけられた教科においては、その問題解決に必要となる知識や技能を学ぶ学習を行う、という基本設計をもっていた。こうした基本設計のもとでは、地理や歴史に関するごく基本的なこと（たとえば、都道府県の県庁所在地など）や、今後の政治・経済等に関する重要事項を学び逃したまま学校教育を終えてしまう、等の危険があることが指摘されたのである。

　この社会科の系統化により、それまで社会科にその内容が一部含まれていた他教科等も、授業時数を増やして独自化・系統化の道をたどることになった。系統化とは、簡単にいえば、学びやすい順序に学習内容を構築することである。小・中・高時代をふりかえって思い出してみてほしい。たとえば、算数・数学で、コップに水を注ぐなどの体験学習の段階から、リットルやデシリットルといった単位を用いる学習、立方体などの単純な立体の体積を求める学習、円柱、三角すい、球体といったように、徐々に難しい計算式を用いる体積を求める学習、平面の回転体面積を求める学習の段階へといったように、徐々に難しく、しかし各学年で学んだ計算方法を用いれば確実に習得していけるように設計されていたことに思いあたるであろう。計算も、方程式も、関数も同様に学習内容が各学年に配置されており、それが小学校から高等学校まで隙間なく続いていたはずだ。こうした「系統化」が、各教科等において図られたのである。なお、このとき社会科から独立した形で、小学校・中学校に特設された「道徳の時間」は、戦前の「修身」を思い起こさせるものとして批判を受けたが、週に１単位時間のみ、教育活動の全体において行っている道徳教育を補充・深化・統合するものであるという位置づけで行われることとなった。

　科学技術の向上を図るための理数教育充実に関しては、理科において観察や実験を行う時間を確保して、科学的な考え方のできるものとした。これに加えて、中学校においては第１分野（物理・化学など）・第２分野（生物・地学など）、高等学校においては物理Ａ・Ｂ、化学Ａ・Ｂ、生物、地学とする、といったように、分野・科目の整理が行われた。数学に関しても、戦後、中学校において行われていた内容を小学校に戻し（分数・小数の四則演算）、そのぶん中学校、

高等学校の内容を高度なもの・進路に応ずるものにするといった改訂が行われた。

なお、この改訂から学習指導要領は文部大臣による「告示」形式となり、同時に学校教育法施行規則の改正により「教育課程の基準として文部大臣が別に公示する」ものとされ、法的拘束力をもつにいたった。この法的措置により、学習指導要領が学習目標・内容の全国的な基準を示すものとされたことにより、地域差や学校差を少なくし、国民全体の学力や技術力の向上を図ることを可能なものとしたのである。なお、1956（昭和31）年に教育委員会法は廃されており、新たに「地方教育行政の組織及び運営に関する法律」がだされ、地方教育行政の仕組みも刷新されていた（第6章3を参照）。

（3）昭和43・44・45（1968・1969・1970）年学習指導要領改訂──「教育課程の現代化」

日本は昭和30年代を通して経済成長をつづけ、1968（昭和43）年には国民総生産（GNP）が資本主義国家の中で米国に次いで第2位に到達した。産業界は、こうした高度経済成長を支えるため、科学技術を活用・発展させる人材をひきつづき必要としていた。それと同時に、テストの点数至上主義に陥ったために荒廃したといわれる子供の心に関する問題を解決することや、効率化・合理化・機械化による細分化等がすすんだ労働環境にあって、子供が将来人間らしい充実した生活を送るために求められる資質・能力を育むための全人教育を実現することといった課題を背負うことになった。また、この時代には、経済的成長とそれにともなう社会の複雑化、技術の高度化、国際競争の激化とそれらにともなう人材への要求の高度化等を背景として、高等学校への進学率が90％を超えるようになり、小・中・高の12年間を通しての人間形成を視野に入れる必要も生じていた（図4-3）。それゆえ、12年間をみすえて職業教育的な学力の向上と心の教育の両方を充実させるための「調和と統一」ある教育課程の実現が期せられたのである。

その一方で、この時代の資本主義諸国においては、いわゆる「教育課程の現

第 4 章　教育改革の動向と背景

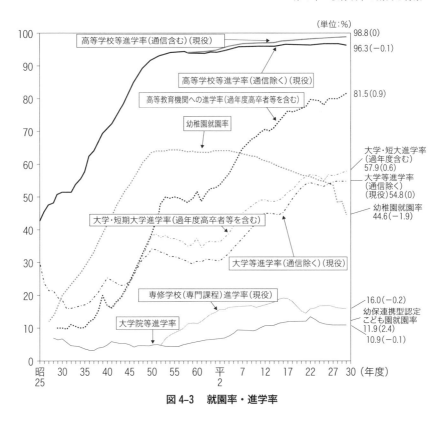

図 4-3　就園率・進学率

代化」が図られていた。これは、教育水準の向上と、教育内容の精選との両方を実現しようとするものであった。つまり、第 1 に、科学技術の発展・社会の複雑化等の、社会の変化に対応するための高度化・アップデートは行われなくてはならない。しかしそれは同時に、教えるべき内容の過度な肥大化をもまねくことになる。それゆえ、第 2 に、小学校・中学校・高等学校間における教育内容の重複を避けたり、基礎・基本を重視することでよりいっそう発展的な学習内容へ円滑にすすむことができるようにしたりする等の整理・工夫が図られなければならなかったということである。このことは、たとえば、算数・数学に、集合、関数、確率などの現代数学の基本概念をとり入れた上で、教科・学問の系統性を重視して内容を整理・精選したことが例としてあげられよう。

その他に、教科・道徳外の領域を「特別活動」（小・中学校）および「各教科以外の教育活動」（高等学校においても 1978（昭和 53）年改訂より「特別活動」）に統一し、「望ましい集団活動を通して」人格の調和的な発達を図るなどと規定した。ここには、公民教育の一環として、集団の中における自己の生き方を考えさせるという、心の教育を充実させる意図が反映されている。

　なお、この学習指導要領改訂に先立つ 1966（昭和 41）年に、中央教育審議会より答申「後期中等教育の拡充整備について」と、その別記として「期待される人間像」がだされている。前者は、複雑・多様化する社会の要請に応じるための高等学校等における教育の改善（教育内容の多様化、定時制・通信制の整備など）、それにともなう小学校・中学校における教育内容の変化等を提唱したものである。これはたとえば、高等学校に理数科が設けられたことに象徴されるといっていいだろう。そして、高等学校における教育が多様なものになればなるほど、中学校における進路指導の重要性が増すことや、小・中学校における準備教育の見直し・工夫が求められることが、容易に想像できるであろう。後者は、経済発展や技術進歩等の激しい社会の変化の中にあって、子供をいかに個人、家庭人、社会人、国民として育てるべきかを示したものであった。

（4）昭和 52・53（1977・1978）年学習指導要領改訂──「ゆとりと充実」

　昭和 40 年代末期に高度経済成長は終わり、日本は安定成長とよばれる低成長期に入っていた。終戦以来、他の先進国に「追いつく」ことをめざしてきた復興・成長の道のりは、ここで一段落することになる。

　さて、終戦直後期とは異なり、昭和 30 年代および昭和 40 年代の教育改革が、教育現場にではなく国や産業界に端を発する「必要」に突き動かされて進められた側面が強く感じられるものであったことに、気がついただろうか。子供の教育に直接携わる学校・教員の立場からすれば、それが本当に「必要」だという実感のわきにくいものであったり、「必要」だとしても、現実の、目の前にいる子供がそれを「学習」することを「指導」するというイメージのわきにくいものであったりもしたであろう。

「教師が教えれば、子供はそれを学ぶに違いない」というごく単純な教育観にもとづけば、どのような教育内容・教育課程であっても、有効に機能すると思われるかもしれない。しかし、この時代の学校教育はうまくいっているとはいいにくい状況に陥っていた。イリイチ（第2章4（5）参照）による『脱学校の社会』に象徴されるように、学校教育が人間の幸福に資するものとは、だんだん信じられなくなっていったのである。日本においても、学習内容の高度化・複雑化にともない、いわゆる「落ちこぼれ」とよばれる、授業についていけない児童・生徒が増加し、校内暴力事件・少年非行事件も増加するその一方で、高等学校における教育の多様化が偏差値上の序列化を引き起こし、いわゆる受験競争が激化する結果をまねいたと考えられた。ここにおいて、「教育の人間化」をめざした教育方法、教育内容の見直しが図られることになる。

こうした中、日本では「ゆとりと充実」を基調とした改訂へと議論がすすめられた。1977・1978（昭和52・53）年に改訂された学習指導要領においては、授業時数の減少と、教育内容の精選が図られた。このことにより「ゆとり」を確保するとともに、中学校や高等学校における選択教科の拡充・選択幅を拡大するなど、個々が能力・適性・進路に応じた学習を行うことなどによる、学校生活の「充実」が図られ、「人間性豊か」な子供を育てることがめざされた。

なかでも、教育内容の精選による「ゆとり」の確保は、ぜひとも実現されるべきと考えられた。これまでにもことさら「詰め込み」が意図されていたわけではなく、むしろ教育内容の精選が図られはしていた。しかし、結果として授業時数が減ったわけではなく、ここにおいて、思い切った教育内容の精選および授業時数の削減が行われることになったのである。これはおもに小学校・中学校の算数・数学・理科から教育内容を削除したり、高等学校において指導するものとしたりすることで実現されている。その結果、小学校、中学校では一割弱の授業時数が削減され、高等学校においても専門教育単位数を削減する等の方策によって卒業単位数が85単位から80単位へと変更されたのである。

なお、中学校においては、授業時数は減少したが、減少したぶんの時間において各学校が創意工夫して人間性を豊かにする教育活動を行うことが求められ

た。高等学校においては、子供が能力・適性等にもとづいて選択できる教科・科目の幅を確保したり、習熟度別学級編成を認めたりするなど、「落ちこぼれ」ることなく充実した学習が行われるよう配慮が行われた。このように、「ゆとり」の確保と「人間性」の教育、「充実」した学習生活・学校生活の実現によって、カリキュラムの「人間化」がめざされたのであった。

3　生涯学習時代における教育制度・教育課程

（1）新しい学力観への転換の背景

　昭和後期には、急速な国際化・情報化・科学技術の進歩などにより、産業構造の大きな変化が、かつてない速度ですすむようになった。将来においていかなる業種・職種が存在するのか、そうした職業にはいかなる知識や技能などが求められるのか、そうした職業情勢は将来においてどのように変化していくのか、これらに関する長期的な予想がきわめて困難になりつつあると考えられたのである。また、1965（昭和40）年に生涯学習（当初は生涯教育）の理念を提唱し始めたラングラン（1910-2003）のように、科学技術の発展・社会の複雑化等が学習や労働を専門化・細分化させ、これが人間の統一性を失わせ、人々を不安に陥れていると指摘する者もあった。そこで、子供たちがそうした社会情勢のもとで自己実現を図り、充実した人生を送ることができるようにするために、学校教育を通して身につけさせるべき力をどのようなものとするべきかが、問題となったのである。

　こうした中、1984（昭和59）年に総理大臣の諮問機関として発足した「臨時教育審議会」は、1987（昭和62）年までに4次にわたる答申を行った。その教育改革の要点は、①個性重視の原則、②生涯学習体系への移行、③変化への対応、の3点であった。ここでの「生涯学習体系への移行」とは、学校教育への依存を解消し、いつでもどこでも学ぶことのできる社会へと日本社会をつくりかえていくという構想である。そのためには、学習が行われる仕組みを長期的・計画的に整えてゆかなくてはならない。たとえば、施設・設備といった

ハード面の整備はもちろん必要であるが、それを積極的に利用する人々の意識を醸成することや、社会や人々の「必要」等に応じるコンテンツ・適切なガイダンスの提供といった、ソフト面の整備も欠かせないことが察せられるであろう（第5章3を参照）。このように「いつでも・どこでも」学ぶことが可能となることで、人々が社会の変化に対応することが可能になるとともに、教育力の低下が懸念されている家庭や地域を活性化させることも可能になるのではないかと期待された。また、人々が学習成果を適切に評価するようになることで、この時代に指摘されていた学校教育の長期化による弊害や、学歴社会の弊害も是正にむかうのではないかと考えられたのである。

このような「生涯学習体系」の中で学校教育がになうべきとされたのは、生涯学習の「基盤」を形成することである。すなわち、学習は学校教育で完結するものではなく、生涯つづくものであるから、その学習を円滑に・豊かに進めるために求められる「基礎・基本」という土台を築くこと、そしてその「基礎・基本」を使いこなす創造性・考える力・表現力、それらと密接な関連をもつ個性を尊重しのばしていくこと、といったものであった。これ以降、日本の教育改革は、そのときどきで多少異なる用語や概念を用いるものの、基本としてはこの「生涯学習体系への移行」という考え方にもとづいて展開されていくことになる。

（2）平成元（1989）年学習指導要領改訂——基礎・基本と個性の重視

こうした背景のもとで1989（平成元）年に改訂された学習指導要領は、上記の「生涯学習体系への移行」の考え方を色濃く反映するものであった。そこでは、「ゆとりと充実」の方針を継承しつつも、「生涯学習体系への移行」をふまえ、「自己教育力の育成」や「基礎・基本の重視と個性教育の推進」などが図られていたのである。

ここでの「自己教育力」は、学習意欲や社会の変化に主体的に対応する能力といったものを意味しており、各個人が社会の変化に対応するための生涯学習を進める上で、重大な推進力となるものとして想定されていた。「社会の変化」

が私たちに求める「新たな知識・技能」は、人生のどの段階で求められるかわからず、したがって学校が懇切丁寧に教えてくれるという種類のものではないため、みずから身につけるために学ばなくてはならないものとなる。それゆえ、「自己教育力」がなくてはならない、と考えられたのである。

「基礎・基本の重視と個性教育の推進」は、こうした「自己教育力」の基礎をつくるものと考えられた。まず、「基礎・基本の重視」のために、小学校・中学校・高等学校の12年間における学習内容を、一貫性を確保しつつ精選することとし、あわせて、個に応じた指導などの工夫が求められた他、中学校における習熟度別指導の導入、高等学校における「基礎的・基本的な事項」に重点を置く指導を可能にする弾力化等が図られた。また、生活・学習の基本を形成するために、このころ就園率60％を超えていた幼稚園教育との円滑な接続を図り（図4-3を参照）、小学校の低学年に「生活科」が新設された。こうした「基礎・基本」は、各人がどのような新しい知識や技能を「自己教育」によって身につけていくにしても、その際に確固たる学習の土台として機能することが期待されるものであった。

「個性教育の推進」の具体策としては、中学校・高等学校における選択教科・科目の充実があげられる。中学校においては、従来音楽や美術等に制限されていた選択教科を、全教科に拡大した他、生徒の主体的な進路選択を支援する進路指導の充実が盛り込まれた。高等学校においては、生徒がみずからの特性や進路等に応じて選択履修を行えるよう、教科科目が増加されることとなった。なおこのとき、男子の家庭科が必修となっている。

この他「心豊かな人間の育成」のために道徳教育の充実、高等学校における「公民科」の新設が行われた。とりわけ、高等学校における道徳教育は、自己探求・自己実現と、国家・社会の一員としての自覚とを結びつけることが求められ、生涯学習の力を養う教育と公民教育とを包括するようなものとして構想された。また、「文化と伝統の尊重と国際理解の推進」のために、国語教育や歴史教育の充実、JETプログラム（語学指導等を行う外国青年招致事業）によるALT制度の導入、高等学校における世界史の必修化等が行われた。

（3）平成10・11（1998・1999）年学習指導要領改訂──「ゆとり」と「生きる力」

　1996（平成8）年の中央教育審議会による答申「21世紀を展望した我が国の教育の在り方について（第一次答申）」は、学校、家庭、地域といった教育の担い手が共有すべき理念として、「生きる力」を打ちだした意欲的な答申であった。「生きる力」とは、国際化、情報化、科学技術の発展、環境問題などの課題が山積しより変化の激しい社会になると予想される21世紀において、子供がたくましく生きていくための新しい学力、全人的な力と位置づけられ、これを学校、家庭、地域社会の連携により育んでいくこととした。「生きる力」は、全人的な力であるから、知・徳・体のすべての側面に係る能力・態度などである。それゆえ学校においては、知識・技能の伝授に偏ることなく、あらゆる教育活動をもって「生きる力」を育成することとされたのである。この「生きる力」は、従来の、生涯学習の力である「自己教育力」を発展拡充したものであるということもできよう。

　「知」の面においては、過度の受験競争を背景とした知識偏重の傾向を是正し、自分で課題を見つけて自ら学び自ら考え問題を解決する能力を育むことが提言された。「徳」の面としては、いじめや不登校等の問題（第7章1を参照）を取りあげ、その背景にあると考えられた「同質志向」や社会性の不足、倫理観の欠如を解消すべく、他者を思いやり協調する心や感動する心などの「豊かな人間性」を育むこととされた。そして「体」の面においては、肥満傾向や視力の低下といった新たな健康問題の発生、瞬発力・筋力等の体力低下傾向をふまえ、「健康や体力」の増進・向上が求められるとした。

　こうした中、1998・1999（平成10・11）年に改訂された学習指導要領においては、授業時数のさらなる減少、教育内容のさらなる厳選を図ることにより「ゆとり」を確保しつつ、「生きる力」を育むことがめざされた。その一方で、「ゆとり」を確保するために、また、週休二日制が社会全体に普及してきたことをふまえ、家庭の教育力を活かし、かつ高めるために、完全学校週五日制が2002（平成14）年度より施行された。なお、小学校・中学校においては週あた

りの授業時数が約 2 単位時間減少、高等学校における卒業に必要な単位数が従来の 80 単位以上から 74 単位以上へと減少し、子供の「ゆとり」を確保するものとされた。この他、小学校から高等学校まで、新たな領域として「総合的な学習の時間」が、また、高等学校の教科として情報科が新設された。

新たな領域として設けられた「総合的な学習の時間」は、「生きる力」を育むための、コアとしての役割を担うものとして、期待されたものであった。横断的・総合的な課題や、児童生徒の興味関心にもとづく課題、地域や学校の特色に応じた課題、自己の在り方生き方や進路の考察（高等学校）、などをあつかうものとされ、とりわけ横断的・総合的な課題として「国際理解、情報、環境、福祉・健康など」が例示されていた。これら横断的・総合的な課題は、その名のとおり、従来の教科・科目単独では扱うことが難しい課題であって、複数の教科・科目で学ぶことのできる知識や技能を幅広く横断的・総合的に活用し、解決するべきものとして構想されたのである。

（4）教育基本法・学校教育法などの改正

社会の変化に対応する新しい時代の教育を確立することをめざし、2006（平成 18）年 12 月に教育基本法が改正された。新法には、生涯学習社会の実現（第 3 条）、家庭の教育力の向上（第 10 条）、学校・家庭・地域住民等の連携協力（第 13 条）、などといった、旧法にはなかった教育の諸課題を解決するための新しい理念・方針が盛り込まれた。これと同時に、勤労を重んずる態度、公共の精神、伝統・文化の尊重、愛国心の涵養（かんよう）などを盛り込んだ教育の目標が新設された（第 3 章 1（2）を参照）。これを受けて、学校教育法などが改正され（第 5 章 2 を参照）、さらにそれらをふまえて学習指導要領が改訂されることになった。

また、改正された教育基本法には、「教育振興基本計画」（第 17 条）が盛り込まれた。教育基本法にかぎらず、基本法においては一般に基本計画が策定されることが定められており、それらの法律にもとづいて行われる政府全体の取り組みが国民にむけてわかりやすく示されているのが通例であるが、1947（昭

和 22) 年の旧教育基本法には基本計画に関する規定がなく、国民に示されるプランは、文部省・文部科学省による施策の枠内にとどまっていた。そこで、この教育振興基本計画は、「政府」が示し「国会」に報告するとともに公表するものであって、地方公共団体がそれに応じてみずからの計画を定めるもの、として新しく設けられたのである。なお、今（2018（平成 30）年時点）までに、第 1 期計画が 2008〜2012（平成 20〜24）年度、第 2 期計画は 2013〜2017（平成 25〜29）年度、第 3 期計画は 2018〜2022 年度の、それぞれ 5 カ年計画として示されてきている。

(5) 平成 20・21（2008・2009）年学習指導要領改訂——「確かな学力」

1998・1999（平成 10・11）年の学習指導要領改訂のあとに、「学力低下」騒動が起こった。OECD（経済協力開発機構）による PISA、IEA（国際教育到達度評価学会）による TIMSS といった国際学力調査の結果、日本の子供の成績順位が低下傾向を示したためである。このことは、2002（平成 14）年に全面施行されたばかりの学習指導要領による教育内容の削減、授業時数の減少に対する世間の不安とも相まって、子供の学力が低下しているのではないかと大いに話題となった。これに対し文部科学省は「確かな学力向上のための 2002 アピール「学びのすすめ」」をだして学習指導要領のねらいを説明し、2003（平成 15）年に学習指導要領を一部改正して個に応じた指導を充実させる等の施策を行ったが、その後 2003（平成 15）年の PISA における「読解力」の成績が「OECD 平均程度」まで低下している、と発表されるなどしたため、学力低下への不安は解消にむかったとはいえなかった。このことは、そもそも「学力」とは何であるか、もしくはどのようなものであるべきかといった議論を引き起こし、2008・2009（平成 20・21）年学習指導要領改訂における課題となった。

こうした状況下で 2008・2009（平成 20・21）年に改訂された学習指導要領においては、「生きる力」を育むという基本路線に変更はなかったが、総授業時数が増加に転じるという変化があった。このことは一見、いわゆる「ゆとり教育」から「詰め込み教育」への路線変更が行われたかのように思われよう。そ

の一方で、「ゆとり」とは、学校外の活動に打ちこむための余暇・精神的な余裕などでもありうるが、それと同時に、学校で教科などの内容をじっくり身につけるための時間的・精神的な余裕でもありうると説明され、「ゆとり」と「授業時数の増加」は矛盾するものではないとされたのである。

　この改訂により、各教科の時間において知識・技能の習得、およびそれらを活用するための「思考力・判断力・表現力等」を育む授業時数を確保するため、小学校・中学校において国語、社会、理科、算数・数学、体育（保健体育）などの授業時数が増加し、その代わりに総合的な学習の時間は「探究」に特化した時間として、減少することとなった。高等学校においては、卒業に必要な単位数は 74 単位以上で変更はなかったものの、週あたりの標準授業時数 30 単位時間を超えて授業を行うことができると明確化された他、義務教育段階における学習内容定着を図る学習機会を設けることができるとされた。こうした授業時数の増加にともない、国語をはじめとする各教科等で「言語活動」（批評、論述、討論など）を充実させること、反復指導や観察・実験、課題学習等を充実させることなどによる理数教育の充実、古典に関する学習や日本の音楽・美術、武道などの学習による伝統や文化に関する教育の充実などが盛り込まれた他、国際化教育の充実のため小学校高学年に新しい領域「外国語活動」が新設された。

　さて、この前後において、国際的学力調査がどのような示唆を与えてくれていたのかを、ここに付記したい。PISA2006 では、「数学的リテラシー」に平均得点の低下がみられた他はとりわけ変化なし、と報告されたものの、PISA2009 では「読解力」「数学的リテラシー」「科学的リテラシー」すべてにおいて平均得点の上昇が報告されていた。これらは 1998・1999（平成 10・11）年改訂学習指導要領施行下のことである。なお、PISA2012 では、それら 3 分野すべてにおいて平均得点が比較可能な調査回以降で過去最高となったと報告され、PISA2015 においても、良好といえる結果が残されている。

（6）平成 29・30（2017・2018）年学習指導要領改訂──「主体的・対話的で深い学び」

　2017・2018（平成 29・30）年学習指導要領改訂においては、「学びに向かう力・人間性等」を育成するための「主体的・対話的で深い学び」を実現するにあたって、「アクティブ・ラーニング」の視点から授業改善を行うことが提唱された。これは、自ら興味をもって粘り強く学ぶ、自ら振り返りを行う、自らのキャリア形成にいかす等の「主体的な学び」、子供同士や教職員、地域の人々との対話などを通して思考を広げ深める「対話的な学び」、知識を相互に関連づける、考えを形成する、問題を見いだして解決策を考える、創造する、等の「深い学び」を行う、というものである。この改訂では、こうした「主体的な学び」「対話的な学び」「深い学び」といった、いってみれば教育方法・手段のあり方が中心的な話題となったのであるが、この点で「自己教育力」「生きる力」「確かな学力」といった理念が中心的なテーマであった近年の学習指導要領改訂と異なっているといえるだろう。なお、すべての教科等において、育む資質や能力が①知識及び技能、②思考力、判断力、表現力等、③学びに向かう力、人間性等の 3 観点で示され、「何ができるようになるか」の明確化が図られている。

　当然に、教員・学校が、こうした「学び」がうまく行われているかを評価して教育活動を組み立て直す仕組みが求められることになる。そうした仕組みとして想定されているのが、「カリキュラム・マネジメント」である。これは、子供が、何ができるようになるか、子供の学びがうまく行われているか、それを実現するための指導はうまく行われているか、教育課程や組織運営をそのためにより適したものにしていけるかといったことを、教職員全体で柔軟に見直していくものである。またさらに、こうした子供の学びを、学校と社会が共通の目標意識をもって、連携しながら教育を行っていくことをめざす「社会に開かれた教育課程」の実現を目標とすることが提言されている。

　この他、体育科・保健体育科の充実が行われている。体力低下傾向に歯止めがかかったとの評価をしつつも、1985（昭和 60）年ころと比較するとまだ低く、

また、二極化傾向がみられる、さらには健康課題を自ら解決する学習が不十分である等の認識にもとづき、東京オリンピックをみすえたスポーツ指導の充実、健康課題解決の学習内容の充実を図ることとされた。

　また、外国語教育も充実が図られている。前回改訂時に「外国語活動」が小学校高学年に設けられたが、これを中学年に移し、高学年には新たに教科として年間 70 単位時間程度を用いることとしている。これを受けて、中学校では、外国語科の授業は外国語で授業を行うことを基本とするほか、全国学力・学習状況調査を実施するものとした。さらに高等学校では、必履修科目において中学校の学び直しを可能とするほか、「英語コミュニケーション」「論理・表現」といった、総合的な科目を設け、高等学校卒業時までに「外国語を通じて、情報や考えなどを的確に理解したり適切に伝えたりすることができる力」を育成することがめざされている。

　さて、この改訂に先行して、2015（平成 27）年に、「道徳の時間」が「特別の教科　道徳」（道徳科）に変更されたことは大きな話題となった。戦後、道徳教育は学校の教育活動全体を通じて行うものとされ、専用の教科は設けられてこなかった。1958（昭和 33）年、小学校・中学校に「道徳の時間」が新設されたが、これは教科ではなく「教育活動全体」で行われる「道徳教育」の、中心（要）となる授業と位置づけられていた。これが「教科」ではなかったがために、教科書（教科用図書）を設けることができなかったり、「教科」としての研究や実践が十分に行われていなかったりしたため、軽んじられる傾向にあり、その結果、適切・有効な指導が行われにくいという問題認識がもたれたのである。これを改め、教科書を使用するが、教科ごとの免許状は設けず、かつ数値による評価を行わない（文章による評価を行う）「特別の教科」とし、2018・2019（平成 30・31）年度の全面実施に向けて質的転換を図るものとした。

　なお、高等学校においては、2015（平成 27）年の公職選挙法改正により選挙権年齢が満 18 歳以上に引き下げられたことも影響して、公民科に新たな科目「公共」を設け、「倫理」や「特別活動」との連携を図ることで道徳教育の充実を図るものとしている。

第 4 章　教育改革の動向と背景

　　　　＊　　　　　　＊　　　　　　＊

　本章では昭和 20 年代以降の教育改革を概観してきた。激しい社会の変化により、私たちが身につけるべきとされる資質や能力もまた、大きく変化してきたことが察せられよう。そして、現代日本で子供にとって「必要」な力として想定されているのは、「生きる力」理念に象徴されるように、社会の変化に対応・適応するために学びつつ生きていくための能力や態度であるといえよう。
　素朴に考えれば、そうした学習の能力を身につければ、どのように社会が変化しようとも、私たちはそれに対応することができそうである。しかし、私たちはそうした素朴な考えにいたる前に、いくつかのことを整理しなければならないであろう。まず、そうした力は本当に「必要」なのか。つまり、それは、誰にとって、どのような意味で必要なのだろうかということである。次に、そうした力を身につけるためには「教育」が「必要」なのか。つまり、私たちは、誰もが一様に児童生徒期に、そうした学習の能力を教育の力によってこそ身につけることができるのであって、当然に教育者はそれを確実に実現させる教育を行うことが可能であると、単純に想定してしまってもよいのであろうかということである。なぜなら、ある知識や技能等が「必要」であることと、それを子供が身につけるために教育が「必要」であることとは、同じではないからである。いわんや、そうした教育が「可能」であることと、それを行うことが「義務」であることは、さらに別のことである（第 1 章 4 を参照）。
　次章以降、教育に関する法規（第 5 章）や教育制度（第 6 章）を学習することを通して、現代日本が「教育」の力をどのようなものとして想定しているか、逆にいえば、子供にどのような「学習」を行わせることが可能であり、かつ、行わせるべきと想定しているかを考えてみよう。さらに、生徒指導・教員の問題（第 7 章）を学び、現代日本の学校教育において子供がどのような性質・能力をもつ（もしくはもたない）存在として理解されているか、そうした子供に教育を行う教員が何をするべきと考えられているかを、さらに考えていくことにしよう。

●課題

Q1．それぞれの学習指導要領改訂において、子供が身につけるべきとされた力はどのようなものであったか、またその社会的背景はどのようなものであったか、整理してみよう。

Q2．「生きる力」が象徴する変化への対応力・課題解決能力・自己学習能力といったものは、どのような学習を経て身につくものなのだろうか。自由に考えて話しあってみよう。

Q3．あるべき社会を構築するために子供をそれに向けて「教育」するべきなのだろうか、それとも、あるべき人間を形成することが優先されるべきであって、社会はその結果として構築されていくものなのだろうか。

●参考文献

ブルーナー, J. S.（1963）『教育の過程』佐藤三郎・鈴木祥蔵訳、岩波書店（原著1960年）
ラングラン, P.（1971）『生涯教育入門 第一部』波多野完治訳、全日本社会教育連合会（原著1970年）
水原克敏（1992）『現代日本の教育課程改革』風間書房
苅谷剛彦・増田ユリヤ（2006）『欲ばり過ぎるニッポンの教育』講談社
小針誠（2018）『アクティブラーニング 学校教育の理想と現実』講談社
文部科学省（2018）『小学校学習指導要領解説　総則編』東洋館出版社
文部科学省（2018）『中学校学習指導要領解説　総則編』東山書房

第5章　教育に関する法規

　ここまで、人はなぜ教育を必要とするのかを起点に、学校という仕組みが生まれ、日本において定着する過程をたどってきた。そこでは国・社会の要請、そして個人の要請により教育が定着している。それでは、教育という営みに関わる社会の仕組みはどのように規定されているのであろうか。本章では、法律の枠組みから教育に関わる社会の仕組みがどのように構成されているのかを概観する。

　後述するように、教育はその担い手や目的などにより「学校教育」「社会教育」「家庭教育」に三分することができる。また、教育は学校に通う時期に限定されないものとして、年齢により幼児期から高齢期まで多様な時期に関わる営みである。これら全体を1つの連続した営みとして捉えるのが「生涯学習」「生涯教育」の考え方であり、教育に関する社会の仕組みとしての法律は、これらを網羅するように構築されている。

1　法規における教育の目的と目標——日本国憲法・教育基本法

　本章では現在の日本の教育制度を支える法制度を説明していく。本章の全体構造を理解するために、まず関連する法の体系を俯瞰すると、次のようになる。

　法制度上、最上位に位置付けられるのは日本国憲法である。法律はその憲法の枠組みの中で制定される。法律のレベルにおいては、教育基本法が一般法（概括的な事柄を定めた法）として教育に関する法律の基本的な事柄を定め、この教育基本法を前提とする特別法（具体的な事柄を定めた法）として、学校教育については学校教育法が、社会教育に関しては社会教育法が、それぞれ定められている。ただし、社会教育法はそれ自体が一般法としての性格をもち、社会教育法の中で定められていない事項を具体化する法律として博物館法と図書館

法が定められている。

　これらの法の下位には、内閣が制定する命令である「政令」(憲法および法律の規定を実施するための執行命令と、法律の委任した事項を定める委任命令に細分化できる)、各省の大臣が所管する事務について発する行政上の命令である「省令」等がある。政令は法律の執行に必要な細則や、法律の委任に基づく規定を主な内容とする命令であり、「〜施行令」のような名称をもつ場合が多い。省令は、法令の施行に関わる細則や法律・政令が委任した事項を定める規則であり「〜施行規則」のような名称をもつ場合が多い。さらに、法規の補完や決定、指導、助言等の性質をもつ事項として公表される「告示」がある。これらは国会ではなく内閣あるいは大臣、すなわち行政が制定するため、その根拠として法による委任にもとづいて定められる。たとえば、学校に関する規定は、憲法—教育基本法および学校教育法(法律)—学校教育法施行令(政令)—学校教育法施行規則(省令)—学習指導要領(告示)といった系列で構成されている。

　本節では、日本国憲法と教育基本法について解説していく。

(1) 日本国憲法

　日本国憲法は、1947年に施行された日本の最高法規である。前文にも掲げられた国民主権、基本的人権の尊重、平和主義と国際協調主義の原理を基調としており、また、改正が容易ではない(硬性憲法)ことも指摘されている。

　国民主権は、国家意思の最高決定権が国民にあることを意味し、前文でも「主権が国民に存すること」が宣言されている。

　基本的人権の尊重は「国民は、すべての基本的人権の享有を妨げられない」とした第11条、個人としての尊重を定めた第13条、基本的人権は「人類の多年にわたる自由獲得の努力の成果」であるとする第97条などに表れている。ここで、第97条が基本的人権を日本国憲法に先立つ歴史の成果として説明しているように、基本的人権は日本国憲法を根拠にはじめて成立するものではなく、日本国憲法に先立って存在している考え方であり、それを日本国憲法が保

障するという論理構成となっている。

 日本国憲法において、基本的人権は「〜を妨げられない」という不作為の要求（消極的な権利）、「〜を国家に対し求めることができる」という作為の要求（積極的な権利）、そして国家意思形成への参加権に大きく分けられる。

 不作為の要求の中には、精神活動の自由に関わる、思想及び良心の自由（第19条）、信教の自由（第20条）、集会・結社・言論・表現の自由（第21条）、学問の自由（第23条）がある。これらの精神活動の自由は、後述するように教育に密接な関わりを持つ思想と見なされており、学校教育におけるある営みがこれらに抵触するものとして問題とされる場合もある。

 一方、作為の要求の中には、健康で文化的な最低限度の生活を営む権利（第25条）や教育を受ける権利（第26条）などの社会的基本権が含まれる。

 以上のように国民の権利等が説明される中で、日本国憲法において「教育」を直接に規定しているのは第26条だけである。

 ここで第26条の条文を確認すると次のようになる。

 第26条　すべて国民は、法律の定めるところにより、その能力に応じて、ひとしく教育を受ける権利を有する。
 ②　すべて国民は、法律の定めるところにより、その保護する子女に普通教育を受けさせる義務を負ふ。義務教育は、これを無償とする。

 教育を受ける権利を定めている条文であるが、その権利にはいくつかの条件がついていることがわかる。

 まず、教育を受ける権利を有しているのは「国民」である。他の条項では国民に限定せずに規定されている例がある（第22条の対象は「何人も」であり、第23条は対象者を限定していない）ことから見ると、第26条は対象者を限定していることがわかる。「国民」の定義は日本国憲法の中では第10条において「日本国民たる要件は、法律でこれを定める」と規定されており、具体的には国籍法により定められている。

同様に、第26条で「法律の定めるところにより」とされていることは、その内容が所与のものとして想定されているのではなく、国会が制定する法律に依拠することを示している。すなわち、教育を受ける権利の詳細は、そのときどきの社会状況・政治状況などにより変えることができる（変えられる場合がある）ことを意味している。

　「能力に応じて、ひとしく」に対しては、個々人が持つ「能力」の違いに対し「ひとしく」対応することはどのようなことを指すのか、さまざまな解釈が示されてきた。従来は「ひとしく」を重視して学校制度をはじめとする社会的対応の充実が図られてきたが、ある程度の社会的対応の充実がなされたとの観点から、発達の段階に応じた対応が得られることを重視し、習熟度別指導や特別支援教育、「特に優れた能力を持つ」子供への指導のように、その個人の能力に応じた対応をだれもが得られる環境の整備を推進する取り組みが増えつつある。

　「教育を受ける権利」は、上述したように社会的基本権として規定されており、「法律の定めるところ」との制約はあるものの、自らが教育を受ける権利（学習権）の行使を国家に対し請求できる権利である。

　第2項では義務教育について規定している。上述の教育を受ける権利は年齢を問わず行使できる権利であるが、年少者は経済的な面などで自立が困難であり、権利行使において弱者となりがちである。このため、当該子女を保護する国民（保護者）に対し、子の権利行使を保障する役割を課している。ここで、「保護者」には、親の他、祖父母、児童福祉施設の長など、実態に即して多様な事例が含まれている。

　この保護者の義務の対象は、「普通教育」と規定されている。後述する教育基本法において「普通教育」の目的が規定されているが、日本の法体系に限定せずに普通教育を定義すると、社会の一員として、また義務教育の内容として共通に必要とされる基礎的教育を指す。普通教育に対比されるのは、特定の職業等と結びついている専門教育あるいは職業教育である。

　第2項後段は、義務教育の無償制について定めている。前述のように保護者

にはその保護する子女に普通教育を受けさせる義務が課せられているが、保護者の経済状況等によりその義務の遂行が困難な事情が考えられる。このため、普通教育を受ける機会を国が保障する無償制が導入された。当初は授業料の不徴収を趣旨として導入された規定であるが、受益者負担とされた教科書代の家計負担が問題となったことを契機に義務教育諸学校の教科用図書の無償措置に関する法律（1963年）が制定され、教科書代を国庫負担とする措置が始まった。なお、文部省（当時）は、憲法第26条の無償制は授業料の不徴収であり、教科書の無償制は政策措置の範囲であると説明している。

　以上のように、日本国憲法においては第26条において教育について直接的に規定されているが、他の条文も間接的に教育に関わるものとして解釈することができる。

　上述の第19条、第20条、第21条は、内心の自由とともにその精神活動の発露を妨げられない自由を規定しており、学問の自由（第23条）とともに教育の自由を支える意義をもつ条項とされる。教育には既存の価値秩序を次の世代に伝達する役割がある一方で、学問には既存の価値秩序とは異なるあり方を模索し、新たな真実を明らかにする側面があり、その成果もまた教育を通じてその社会の構成員および次の世代に伝達される。このような働きが妨げられるとき、社会は停滞し、またその構成員は自然を理解し、社会を改善する機会を奪われることとなる。

　ここまで取り上げてきた条文以外にも、その憲法上の理念を実現する上で教育が必要である、との論理で教育権を補強すると解釈される条項もある。このような例に、18歳選挙権が導入され、さらに成人年齢の引き下げが議論される中で、これらの変革を実効性のあるものとする上でいわゆる主権者教育が必要であるとする考え方がある。また、前述の第25条は社会的生存権を定めるものであるが、この権利を保障する上で教育を受ける権利の考え方を援用しようとする立場もある。さまざまな事情をかかえた児童の自立支援は、児童福祉法の原則では20歳未満の者だけが対象者となるが、大学等に就学する場合は22歳に達する日の属する年度末までが対象者となっており（児童福祉法第6条

の3）、このような措置は教育を受ける権利からも裏付けできる。さらに、女性の地位を軽視する立場に対して、両性の平等（日本国憲法第14条、第24条）を達成する上で教育権の保障が必要であるとする立場もある。

なお、公の財産の用途制限（第89条）に関わり、私立学校に対する助成金は「公の支配に属しない」事業への公金の支出にあたるのではないかとの議論もある。これに対しては、私立学校法による「公の支配」があることから私学助成は同条項に反していないとの説明がなされている。

（2）教育基本法

教育基本法は、それまでの教育勅語（教育ニ関スル勅語）に代わる教育の基本方針を法によって定める目的で1947年に制定され、2006年に全面改正された。現行の教育基本法は前文と4つの章（全18条）と附則で構成されている（制定当初の教育基本法は前文と全11条により構成）。

教育基本法は、その前文において「日本国憲法の精神にのっとり」同法を制定すると宣言されているように、日本国憲法を直接の根拠として教育に関する内容を規定する法として制定されている。さらに同法が必要な法の制定を求めている（第18条）ことから、他の法に優越する準憲法的性格をもつ法と位置付けられている。

前文の存在は他の基本法にも共通するが、条文解釈の際の基本となる立法趣旨を記述したものである。教育基本法の前文は3つの段落からなり、それぞれ、「国民の理想」（民主的で文化的な国家、世界の平和と人類の福祉の向上への貢献）、「教育のあるべき姿」（個人の尊厳の重視、真理と正義の希求、公共の精神、豊かな人間性と創造性、伝統の継承、新しい文化の創造）、「教育基本法制定の趣旨」（教育の基本の確立と振興）に対応している。

第1章は、教育の目的及び理念に関連する第1条から第4条までで構成されている。第1条では教育の目的を定めており、教育の目的が「人格の完成」とともに、「国家及び社会の形成者として必要な資質を備えた心身ともに健康な国民の育成」にあることが示されている。

ここで「人格の完成」とは何を意味するのだろうか。教育基本法制定過程において、この言葉は「人間性の開発」と表現され、法律や道徳以外にも芸術や技術などについても教育の対象とするとの考え方がなされていたように、「人格」は道徳的なものに限定されないと説明されている（序章を参照）。

　また、「国民の育成」とは何を指すのだろうか。「形成者」との言葉により、消極的な構成員ではない、積極性とともに実行力を持つ国民像が、また「心身ともに健康な」との表現から知・徳・体のバランスのとれた国民像が示され、これら2つの国民像が国民の育成（形成）の目的とされている。

　第2条では教育の目標を定めている。具体的には5つの目標が示され、それぞれ「教育の基礎」「個人」「社会」「自然」「日本人としての有り様と国際性」に関わる事柄を養うことが教育の目標であるとしている。なお、教育基本法改正の際に「我が国と郷土を愛する」との表現が追加され、いわゆる愛国心教育との関係が議論となったが、これらの語には統治機構としての国は含まないと国会答弁等で説明されている。

　第3条は「生涯にわたって、あらゆる機会に、あらゆる場所において学習することができる」生涯学習の理念を示している。それとともに、「成果を適切に生かすことのできる社会」の実現が図られるべきとしており、新たな社会像を提示している。後述する第6条、第10条、第12条に見られるように、教育基本法では教育を3領域に区分しており、それらを通した学習とともに、それらによらない学習の総体が生涯学習である。

　第4条は、教育の機会均等を定めている。第1項において「ひとしく、その能力に応じた」教育を受ける機会の保障とともに、人種等による教育上の差別を否定している。第2項では、障害のある者に対する「教育上必要な支援」を定めている。第3項では、経済的な理由による修学困難者に対する奨学制度を求めている。

　第2章は教育の実施に関する基本を規定する第5条から第15条までで構成されている。

　第5条は義務教育について規定している。第1項はほぼ日本国憲法第26条

に準じ、国民に対し、その保護する子に対して法律に則って普通教育を受けさせる義務を課している。続く第2項では義務教育として行われる普通教育の目的が、自立的に生きる基礎を培うとともに基本的な資質の養成にあることを規定している。第3項は、国及び地方公共団体の義務教育に関わる責任を示し、第4項において義務教育における授業料の不徴収を定めている。

　国及び地方公共団体の果たすべき役割が規定されていることに表れているように、教育基本法は理念法であるだけではなく、政策法としての性質をあわせ持っている。

　第6条は学校教育について定めている。第1項は法律に定める学校が「公の性質を有する」ものであり、その設置者が限定されることを規定している。第2項においては、その学校の目的が第2条に示された教育の目標の達成にあるとするとともに、学校に対して体系的な教育を組織的に行うこと、そして教育を受ける者が学校の規律を重んじ学習意欲を高めることを求めている。

　第7条は大学に関して規定している。第1項は大学の役割が高い教養と専門的能力を培い、真理の探究と新たな知見の創造、それらの社会への還元を通して「社会の発展に寄与」することにあるとしている。第2項は大学における自主性・自律性・特性の尊重について定めている。これは第2条において「学問の自由を尊重」するとした教育の目標とも通じている。

　第8条は私立学校について規定している。上述したように私立学校への助成金が日本国憲法第89条に照らして妥当であるかどうかが議論となっていたが、教育基本法改正にあたって、私立学校が公の性質を持つことが明記された。その一方で、国及び地方公共団体は、私立学校の自主性を尊重した上でその振興に努めることが求められている。

　第9条は教員について定めている。ここで法律に定める学校の教員には「崇高な使命」の自覚と、職責の遂行に向けた研究と修養の取り組みが求められている。第2項では、教員の身分の尊重と待遇の適正を求めるとともに、その職責に関わり、養成と研修の充実を求めている。

　第10条は家庭教育について定めている。同条ではまず、「父母その他の保護

者」に対し、子の教育についての「第一義的責任」があると規定している。その上で、父母らに対し、子に生活習慣を身に付けさせ、自立心を育成するとともに、心身の調和の取れた発達を実現することを求めている。第2項では、このような家庭教育において父母その他の保護者の自主性が尊重されるべきことを示した上で、国及び地方公共団体に対し、「必要な施策」を講ずる努力義務を課している。

第11条は幼児期の教育について、その目的が「生涯にわたる人格形成の基礎を培う」ことであり、そのために「良好な環境の整備」等の方法により国及び地方公共団体がその振興に努める義務を負うことを規定している。

第12条は「個人の要望や社会の要請」に応える社会教育が、国及び地方公共団体によって奨励されることが規定されている。第2項では、国及び地方公共団体に対し、後述する図書館、博物館、公民館に加え、「その他の社会教育施設」の設置とともに、「学習の機会及び情報の提供」に努める努力義務を課している。ここでいう「その他の社会教育施設」には、青少年教育施設、女性教育施設、体育施設などが含まれる。

第13条は学校、家庭、地域住民等の相互協力を規定している。ここまで見てきたように、「父母その他の保護者」が子の教育についての第一義的責任を負う一方で、教員には使命の自覚を求めている。しかしながら、教育をこれらの人びとの責任に帰して、その他の者が無関係であるならば、学校および家庭の負担は過重なものとなる。このため、「地域住民その他の関係者」もまた教育において果たすべき役割を持ち、それぞれが連携することで子どもの成長発達をトータルに保障することが求められている。この「その他の関係者」には、児童相談所や警察などが含まれる。

第14条は主権者としての国民の政治的教養を養う政治教育について規定している。第1条に見られるように、国家及び社会の形成者としての資質を持つ国民の育成は教育の目標の一部となっている。本条第1項では「良識ある公民」としての政治的教養を教育上尊重することを求める一方で、第2項において法律に定める学校の政治的中立性が求められている。従来はこの政治的中立

性が政治的事項を学校教育で取り扱う上での困難を生じさせていたが、いわゆる18歳選挙権の導入に伴い、政治上の能動的地位にある国民をいかに育成するか、学校現場の模索が続いている。

　第15条は宗教教育について定めている。そこでは宗教に関する寛容の態度とともに一般的な教養、そして社会生活上の地位の尊重を定めている。第2項では、国及び地方公共団体が設置する学校における特定の宗教のための宗教教育の禁止等が定められている。

　第3章は教育行政に関する第16条から第17条により構成されている。

　第16条は教育行政について定めており、教育行政が「不当な支配に服することなく」法の定めにより国と地方公共団体により「公正かつ適正に」行われることを求めている。第2項では、国の責務として「教育に関する施策を総合的に策定し、実施」することを、第3項では、地方公共団体の責務として「実情に応じた教育に関する施策を策定し、実施」することをそれぞれ求めており、国には総合性が、地方公共団体には実情に応じた対応が求められている。第4項では、国及び地方公共団体に財政上の措置を求めている。

　第17条では、教育振興基本計画について定めており、国には総合的かつ計画的な施策の推進のため、基本的な方針等を定めることを義務づけている。第2項においては、地方自治体に、国の計画を参照し、その意を酌み取り、地域の実情に応じた基本的な計画を定める努力義務を課している。

　第4章は第18条のみで構成されており、第18条では教育基本法が規定する諸条項を実施するための立法措置を義務づけている（第6章を参照）。

2　法規における学校教育の目的と目標
——学校教育法と学校教育関連諸法規

　前節で見たように、日本国憲法の規定を具体化する法として教育基本法があり、その第18条において教育基本法の規定を法により具体化することが求められている。教育基本法では教育を学校、家庭、社会に三分しているが、この

うちで学校教育に関する法と社会教育に関する法がそれぞれ制定され、さらにこれらの法を補う関連法が制定されている。本節では、学校教育法と関連する諸法で主だったものを解説する。

学校教育法は1947年に制定され、教育基本法の改正にともない2007年に大幅に改正された、146条からなる法である。以下、逐条解説ではなく、いくつかの観点から抜粋して学校教育法について解説する。

まず学校教育法における学校の定義・要件等について取り上げる。第1条では、学校教育法における学校の定義を示しており、「幼稚園、小学校、中学校、義務教育学校、高等学校、中等教育学校、特別支援学校、大学及び高等専門学校」とされている。ここに示された学校がいわゆる「一条校」であり、これらの名称および大学院の名称は一条校以外が使用することができない（第135条）。なお、専修学校は第11章（第124条〜第133条）に規定され、また、一条校および専修学校以外の学校教育に類する教育を行うもので、個別法による規定（例：職業能力開発総合大学校に対する職業能力開発促進法）を持たないものは各種学校となる（第134条）。

第2条では学校の設置者が国および地方公共団体、学校法人に限定されること（例外として、附則第6条において私立幼稚園については学校法人以外による設置が認められている）が、第3条では設置にあたっては文部科学大臣の定める設置基準に従わなければならないことがそれぞれ規定されている。

第5条では、学校の設置者管理主義が定められ、学校の経費は法の定めのある場合を除き設置者（国立学校は国、公立学校は地方公共団体、私立学校は学校法人）が負担することが定められている。この費用をまかなうために設置者には授業料の徴収が認められているが、国立および公立の小学校および中学校その他の義務教育を行う学校については、授業料の徴収ができないとされている（第6条）。先に見た日本国憲法第26条の義務教育の無償制（授業料の不徴収）は、学校教育法第6条で具体的にその内容が規定されているのである。

第7条では学校には校長および相当数の教員を置くことが規定され、第8条において教員の資格に関することを別に法で定めるほか文部科学大臣が定める

こととなっている。

　この教員の資格に関しては、教育職員免許法が定められている。教育職員免許法では、教員資格の免許状主義（第3条）、教員養成の開放制（第5条）、更新手続き（第9条の2）などが規定されている（第6章2を参照）。

　さらに学校教育法第9条において校長および教員の欠格条項が定められている。また、公立学校の教員については、教育公務員特例法において教員としての力量形成等に関わる研修について規定されている（第21条〜第25の2条）（第6章を参照）。

　第11条では、児童、生徒及び学生に対する懲戒について定めるとともに、体罰の禁止が規定されている（第7章2（1）を参照）。

　第12条では幼児、児童、生徒、学生および職員の健康の保持増進を図るための措置を学校が講ずることを求めているが、その詳細は学校保健安全法により規定されている。

　義務教育については第2章（第16条〜第21条）で規定されている。先に国立・公立の義務教育を行う学校について授業料の不徴収が定められていることに触れたが、学校教育法第16条において、保護者は子に対し9年間の普通教育を受けさせる義務を課しており、さらに第17条において、保護者は学齢期の児童生徒を小学校・中学校等に就学させる義務があることを規定している。日本国憲法第26条に規定された義務は「普通教育を受けさせる」ことであり、現行の教育基本法においても同様の規定であるが、学校教育法第16条・第17条により「普通教育を受けさせる」ことの内実を「学校教育を受けさせる義務」（就学義務）と定め、諸外国に見られるような家庭における教育等による義務の遂行は日本の法制度では除外されている。このとき、就学義務は法に定められた期間（年齢主義）の通学によって達成したものとみなされ（履修主義）、その教育課程の習得（課程主義）によるものではない。

　さらに、就学義務の免除規定（第18条）、経済的理由により就学困難となっている学齢児童・生徒の保護者に対する援助（第19条）、学齢児童・生徒の使用により義務教育が妨げられてはならないこと（第20条）が規定されている。

なお、児童生徒が使用されることにより義務教育が妨げられることに関しては、労働基準法第 56 条においても「児童が満十五歳に達した日以降の最初の三月三十一日が終了するまで」児童の使用が原則として禁じられ、子役等についても使用することができるのは修学時間外に制限されている。

このような就学義務は、保護者に対して不登校になった児童生徒であっても学校に通わせることを要請することとなり、それら児童生徒に対する圧力ともなりうる。「義務教育の段階における普通教育に相当する教育の機会の確保等に関する法律」では、「不登校児童生徒が学校以外の場において行う多様で適切な学習活動の重要性に鑑み、個々の不登校児童生徒の休養の必要性を踏まえ、当該不登校児童生徒の状況に応じた学習活動が行われることとなるよう」（第 13 条）必要な措置を講ずることを国及び地方公共団体に求めている（第 7 章 1（2）を参照）。

学校教育法第 21 条では、義務教育として行われる普通教育は教育基本法に規定する目的を実現するために行われることを定めるとともに、その目標を 10 号にわたって示している。

学校教育法では、これ以降、学校種別に目的および目標、教育課程に関する規定、対象児童生徒、教育に携わる要員に関する事項等を規定している。

一条校の目的を順に追うと次のようになる。まず、幼稚園は義務教育及びその後の教育の基礎を培うもの（第 22 条）であり、5 号にわたる目標が示されている（第 23 条）。

小学校は、心身の発達に応じて、義務教育として行われる普通教育のうち基礎的なものを施すことを目的とし（第 29 条）、第 21 条に掲げられた目標を達成するとともに、「生涯にわたり学習する基盤」を培うために基礎的な知識および技能の習得とともに、それらを活用した課題解決のための思考力、判断力、表現力等を育むことが求められている（第 30 条）。

第 38 条では、市町村に対し、その区域内の学齢児童を就学させる上で必要な小学校を設置することを義務づけ、「教育上有益かつ適切であると認めるとき」には義務教育学校で代替することを認めている。同条は、中学校について

も準用され（第49条）、義務教育を受ける機会としての学校設置は市町村の義務となっている。

　中学校は、小学校における教育の基礎の上に、心身の発達に応じて、義務教育として行われる普通教育を施すことを目的としており（第45条）、小学校同様に第21条に掲げられた目標の達成が求められている。

　高等学校は、中学校における教育の基礎の上に、心身の発達及び進路に応じて、高度な普通教育及び専門教育を施すことを目的としており（第50条）、3号にわたる目標が示されている（第51条）。

　小学校と中学校に相当する義務教育学校は、心身の発達に応じて、義務教育として行われる普通教育を基礎的なものから一貫して施すことを目的としており（第49条の2）、第21条に掲げられた目標の達成が求められる。

　中学校と高等学校に相当する中等教育学校は、小学校における教育の基礎の上に、心身の発達及び進路に応じて、義務教育として行われる普通教育並びに高度な普通教育及び専門教育を一貫して施すことを目的としており（第63条）、3号にわたる目標が掲げられている（第64条）。

　特別支援学校は、「視覚障害者、聴覚障害者、知的障害者、肢体不自由者又は病弱者（身体虚弱者を含む。以下同じ。）に対して、幼稚園、小学校、中学校又は高等学校に準ずる教育を施すとともに、障害による学習上又は生活上の困難を克服し自立を図るために必要な知識技能を授けること」を目的としている（第72条）。その設置は都道府県の義務とされ（第80条）、特別支援学校には小学部及び中学部を置くことが義務づけられている（第76条）。さらに幼稚部または高等部をも設置することにより、上記の目的を達成することが求められている。なお、特別支援学校高等部の卒業者は第90条に定める「高等学校若しくは中等教育学校を卒業した者」には該当せず、同条の「通常の課程以外の課程によりこれに相当する学校教育を修了した者」として大学受験資格が得られる。

　また特別支援学校に対しては、特別支援学級を設置する幼稚園、小学校、中学校、義務教育学校、高等学校又は中等教育学校に対し、その要請に応じて助

言又は援助を行うことが努力義務とされている（第74条）。

また、特別支援学校制度を導入した2006年の学校教育法改正時の衆議院・参議院の付帯決議（参議院文教科学委員会、衆議院文部科学委員会）において、特別支援教育が就学前教育から高等教育までのすべての学校において取り組まれるべきものであることが確認されているように、特別支援学校以外の学校も障害を持つ子どもの教育の場として位置づけられている。（第6章5（3）を参照）

大学は、学術の中心として、広く知識を授けるとともに、深く専門の学芸を教授研究し、知的、道徳的及び応用的能力を展開させることを目的とするとともに、教育研究の成果を広く社会に提供することにより、社会の発展に寄与することが求められている（第83条）。

高等専門学校は、深く専門の学芸を教授し、職業に必要な能力を育成することが目的とされている（第115条）。

幼稚園、小学校、中学校、義務教育学校、高等学校、中等教育学校、特別支援学校の教育課程等は文部科学大臣が定めることとされ（第25条、第33条、第48条、第49条の7、第52条、第68条、第77条）、文部科学大臣により告示される。このことから、学習指導要領には法的拘束力がある。

なお、幼児期の教育に関しては、学校教育法第22条に定める幼稚園以外に、就学前の子どもに関する教育、保育等の総合的な提供の推進に関する法律に定める幼保連携型認定こども園がある。そこでは、「学校としての教育」を、「児童福祉施設としての保育」「保護者に対する子育て支援事業」との有機的な連携を図りつつ実施することが求められている。

3　法規における社会教育・生涯学習

前節では学校教育に関連して教育基本法の規定を具体化する学校教育法を解説してきたが、社会教育についても同様に社会教育法が制定されている。本節では、社会教育法および図書館法、博物館法、生涯学習の振興のための施策の

推進体制等の整備に関する法律について解説する。

（１）社会教育法における社会教育の目的と目標

社会教育法は、1949年に制定された7章（全57条）と附則からなる法である。ここでは、まず第1章にもとづいて、同法の基本的な考え方を見ていくことにする。

第1条が、「この法律は教育基本法の精神に則り、社会教育に関する国及び地方公共団体の任務を明らかにすることを目的とする」と定めているように、社会教育法は教育基本法を上位法とし、その精神を具体化する法である。

また、同条において社会教育法の性格が「国及び地方公共団体の任務」を定めるものであると規定しているように、社会教育団体等を規制する性格の法ではない。

第2条では、同法における社会教育の定義を示している。その定義とは、社会教育は「学校教育法又は就学前の子どもに関する教育、保育等の総合的な提供の推進に関する法律に基づき、学校の教育課程として行われる教育活動」を除外した領域であるとするものである。このように、社会教育法において社会教育の範囲は直接的に定義されるものではなく、他に定義される教育の領域から間接的に定義されている。

また、第2条では、社会教育の対象を「主として青少年及び成人に対して」行われる「組織的な教育活動」と定めている。対象者をこのように年齢層で定めることは、一部の社会教育施設において学齢期以下の子供へのサービス提供を二義的なものとする結果をもたらしているが、教育基本法でも示されている生涯学習の考え方を前提とするとき、社会教育の枠組みにおいて多様な年齢層を対象とすることは、社会教育の振興においても有意義と考えられる。また、社会教育を教育活動と捉えることは、いわゆる箱物整備だけでは社会教育が振興されないことを意味する。

第3条は、国及び地方公共団体（都道府県および市町村が該当する普通地方公共団体と、特別区や地方公共団体の組合などの特別地方公共団体の総称）の努力義

務を定めている。義務教育を実施する諸学校については学校教育法において市町村に設置義務が課せられていた（第38条）が、社会教育施設に関しては国及び地方公共団体のいずれにとっても義務ではなく努力義務となっている。

　また、「すべての国民があらゆる機会、あらゆる場所を利用して、自ら実際生活に即する文化的教養を高め得るような環境を醸成する」ことも国及び地方公共団体の役割と規定される。「あらゆる機会、あらゆる場所」とは、社会教育が何らかの教育機会、たとえば公民館における講座などに限定されないことを示しており、第2条で示されている社会教育の定義の幅広さを反映している。また、「環境の醸成」は、社会教育が「組織的な教育活動」であるのに対し、社会教育に関わる国及び地方公共団体の役割には直接的な働きかけに限定されず、間接的な作用も含まれることを示している。

　第4条では、国の役割について定めている。国の役割は、地方公共団体への援助として行われるものが基本であり、直営の事業は、国立施設で実施する事業を除くと研修や調査などに限定されている。

　続く第5条では、特別区を含む市町村教育委員会の役割について定めている。市町村教育委員会の事務は15項目にわたって列挙されており、そこには「学校の行う社会教育のための講座」「家庭教育に関する学習の機会を提供するための講座」「職業教育及び産業に関する科学技術指導のための集会の開催」など、多様な社会教育の例があがっている。

　また、第5条では同法の対象となる社会教育施設を「所管に属する図書館、博物館、青年の家その他の社会教育施設」と表現している。ここでいう「その他の社会教育施設」には、青少年教育施設、女性教育施設、体育施設、劇場、音楽堂等、生涯学習センターなどが該当する。なお、体育施設については、スポーツ基本法において、施設整備を含む施策を講ずることが国及び地方公共団体にとっての努力義務とされている。一方、児童館や高齢者施設、福祉施設などのように、他の法令に根拠を持つ施設については同法の対象外となる。

　第6条では、都道府県教育委員会の事務について第5条に準じた事務に加え、より広域を単位とした5項目を挙げている。

第21条において、「公民館は、市町村が設置する」と定められているように、社会教育法では基礎自治体が直接的に社会教育に関わる事務を担当し、都道府県、国はそれぞれその規模に応じて、基礎自治体では実施困難な事務を担う構成となっている。

　第7条、第8条は教育委員会と首長の関係について規定している。

　第9条では、図書館及び博物館を社会教育のための機関と定義した上で、「必要な事項は、別に法律をもつて定める」としている。同条を承ける形で制定されたのが、図書館法（1950年）、博物館法（1951年）であり、それぞれの法の第1条において、当該法が「社会教育法の精神に基き」制定されていることを宣言している。

　第2章のうち、第9条の2～第9条の6において「社会教育を行う者に専門的技術的な助言と指導を与える」社会教育主事等について定めている。社会教育主事は都道府県及び市町村の教育委員会の事務局に置くことが求められており（第9条の2）、大学等における養成を経た者が社会教育主事に任用される資格を有する（第9条の4）。すなわち、社会教育主事は免許制ではなく、任用資格（その職務に任用される上で必要な資格）として規定されている。この点に関連して、2018年の社会教育主事講習等規程の改正にともない、社会教育主事養成講習を修了あるいは社会教育主事養成の課程において必要な単位を修得した者は、「社会の多様な分野における学習活動の支援を通じて、人づくりや地域づくりに携わる役割を果たすことが期待される」（文部科学省「社会教育主事講習等規程の一部改正に関する説明会　資料」）社会教育士となる（2020年施行）。

　第9条の7では「地域学校協働活動に関する事項」について「地域住民等と学校との間の情報の共有」を図り、「地域学校協働活動を行う地域住民等に対する助言その他の援助を行う」地域学校協働活動推進員について定めている。

　第4章（第15条～第18条）では社会教育委員について定めている。社会教育委員とは、「社会教育に関し教育委員会に助言する」ために教育委員会が委嘱することができるものであり、社会教育に関する諸計画の立案や教育委員会の諮問に対し意見を述べるなどの役割を担っている。

第5章（第20条〜第42条）では、後述する公民館について規定している。

第6章（第43条〜第48条）では、学校施設の社会教育用途での利用について規定している。第44条において、「学校教育上支障がないと認める限り、その管理する学校の施設を社会教育のために利用に供するように努めなければならない」と、施設開放について定めるとともに、第48条において、設置者である国および地方公共団体は、小学校、中学校又は義務教育学校において社会学級講座を、大学、高等専門学校又は高等学校において、文化講座、専門講座または夏期講座の開設を求めることができることを規定している。

（2）法規における社会教育施設の目的と目標

以下、社会教育法に定める公民館、図書館法に定める図書館、博物館法に定める博物館を事例に、それぞれの設置目的等を解説していく。

公民館の設置目的等は、社会教育法の第5章（第20条〜第42条）において定められている。公民館は、「実際生活に即する教育、学術及び文化に関する各種の事業を行い、もつて住民の教養の向上、健康の増進、情操の純化を図り、生活文化の振興、社会福祉の増進に寄与すること」（第20条）を目的に設置される社会教育施設である。なお、公民館類似施設（第42条）であっても、条件を満たす場合には、文部科学省「社会教育調査」等のように公民館と同様に扱われる場合がある。

図書館とは、「図書、記録その他必要な資料を収集し、整理し、保存して、一般公衆の利用に供し、その教養、調査研究、レクリエーション等に資することを目的とする施設で、地方公共団体、日本赤十字社又は一般社団法人若しくは一般財団法人が設置するもの（学校に附属する図書館又は図書室を除く。）」（図書館法第2条）である。図書館同種施設（図書館法第29条）についても、公民館類似施設同様、条件を満たす場合に図書館と同様に扱われる場合がある。

なお、「図書館」とは図書館法に定める図書館のみを指す呼称ではなく、このほかに国立国会図書館（国立国会図書館法）、学校図書館（学校図書館法）があり、それぞれの法で定められている。また、大学図書館は大学設置基準によ

り規定されており、いずれも図書館法上の図書館とは区別される。

博物館とは、「歴史、芸術、民俗、産業、自然科学等に関する資料を収集し、保管（育成を含む。（略））し、展示して教育的配慮の下に一般公衆の利用に供し、その教養、調査研究、レクリエーション等に資するために必要な事業を行い、あわせてこれらの資料に関する調査研究をすることを目的とする機関（社会教育法による公民館及び図書館法（略）による図書館を除く。）」であって、地方公共団体、一般社団法人若しくは一般財団法人、宗教法人等が設置し、さらに博物館法の第2章の規定による登録を受けたもの（博物館法第2条）と定義され、この条件を満たした施設を登録博物館という。

このほかに、博物館法第2章の規定による登録をしていないものの文部科学省令により博物館に相当する施設として指定された博物館相当施設（博物館法第29条）、いずれにも該当しない博物館類似施設がある。これらの施設であっても、条件を満たす場合に博物館と同様に扱われる場合がある。なお、博物館法の対象には、博物館、美術館、動物園等が含まれる。

（3）社会教育職員等に関わる法的な資格・規程

公民館を運営する職員について、社会教育法では館長を置くほか、主事等を配置することが努力義務とされている（社会教育法第27条）。この主事は「公民館主事」とも通称され、地方自治体がその条例等によって公民館主事の職名を用いる場合があるものの、社会教育法では「主事」とのみ規定されている。館長と主事には「社会教育に関する識見と経験を有し、かつ公民館の事業に関する専門的な知識及び技術を有する者」を充てるよう努めること（公民館の設置及び運営に関する基準第8条）が公民館の設置者に求められているが、その養成については明示されておらず、社会教育主事の任用資格を持つ者や教員免許を持つ者などを充てることが多い。

図書館を運営する職員については、公立図書館には館長並びに「必要と認める専門的職員、事務職員及び技術職員」を置くことが求められている（図書館法第13条）。この「専門的職員」は「図書館の専門的事務に従事する」司書お

よび司書補であり（図書館法第4条）、大学における養成もしくは講習による養成等によりその資格を得ることができる（図書館法第5条）。

なお、国立国会図書館の司書（国会職員法第1条）、学校図書館の学校司書（学校図書館法第6条）、大学図書館における「司書」（大学設置基準第38条の「専門的職員」）など、職名として司書の語が法律に規定され、また慣習として用いられる場合がほかにもあるが、これらは図書館法上の司書とは法的根拠が異なる。

博物館を運営する職員として、館長および「博物館資料の収集、保管、展示及び調査研究その他これと関連する事業についての専門的事項をつかさどる」学芸員を置くことが求められている（博物館法第4条）。学芸員は大学における養成等によりその資格を得ることができる（博物館法第5条）。

これらの職員に関する規程は各法の中で定められたものであるが、「その他の社会教育施設」にあたる施設も含め、実際の運営にあたっては指導員など多様な職名で、さまざまな専門性をもった職員が働いている。これらは、前述したような社会教育が持つ多様性の反映であり、社会教育を豊かなものとする上で重要な役割を果たしている。

（4）生涯学習の振興のための施策の推進体制等の整備に関する法律

生涯学習の振興のための施策の推進体制等の整備に関する法律（生涯学習振興法）は、1990年に生涯学習に関するわが国初の法律として制定された11条からなる法律である。法の制定趣旨は「生涯学習の振興に資するための都道府県の事業に関しその推進体制の整備その他必要な事項を定め、及び特定の地区において生涯学習に係る機会の総合的な提供を促進するための措置について定めるとともに、都道府県生涯学習審議会の事務について定める等の措置を講ずることにより、生涯学習の振興のための施策の推進体制及び地域における生涯学習に係る機会の整備を図り、もって生涯学習の振興に寄与すること」（第1条）とされ、①都道府県の推進体制の整備、②生涯学習審議会、③地域生涯学習振興基本構想など、講ずべき施策を規定する内容となっている。

同法では、国および地方公共団体に対し、学習に関する国民の自発的意思の尊重、職業能力の開発及び向上、生涯学習に関わる他の施策との相互作用的な実施への配慮を求めている（第2条）。第3条では、生涯学習の振興に関わる6つの事業を例示し、都道府県の教育委員会に対し、実施体制の整備とともに実施を求め、第4条において、その望ましい基準を文部科学大臣が定めると規定している。

　第5条では、社会教育に係る学習及び文化活動その他の生涯学習に資する諸活動の多様な機会の総合的な提供を民間事業者の能力を活用しつつ行うことに関する基本的な構想を都道府県が作成することができるとした上で、その作成にあたって市町村と協議をすること、文部科学大臣および経済産業大臣が定める基準（第6条で規定）に適合すること、などの要件を定めている。第8条では、この基本的な構想の実施にあたり、都道府県には関係民間事業者の活用が、文部科学大臣および経済産業大臣には関係団体等に対して協力を求めることが規定されている。

　第2条において職業能力の開発および向上への配慮を求め、また第5条・第6条で経済産業大臣が定める基準に適合することを求め、第8条で経済産業大臣の役割を規定しているように、本法の対象とする生涯学習には人材育成などの要素が含まれている。

　第10条では、都道府県が生涯学習審議会を設置できることを定めた上で、関係する事項について規定している。

＊　　　　＊　　　　＊

　本章では、教育に関する法律を説明してきた。本章で扱った法律は、制度の大枠に関わるものが中心であり、詳細はさらに多くの法令によって定められている。その全体像を把握するのは容易ではないが、次の第6章をはじめ、本書でも適宜言及されているので、それらを手がかりに、気づいた点、疑問に思った点がある場合には、その法的な説明を確認してほしい。

また、法治国家にあっては法がさまざまな社会的事項を規定する一方で、民主主義国家としては、法の規定を理解した上で、適宜必要な修正を法律や法体系に加えていくことが主権者に求められることとなる。このように、法律を含む制度を静的なものではなく動的なものととらえるならば、その変化を把握して対応すること、また変化をもたらす状況（例えば実践）を生み出すこともまた教師をはじめとする教育関係者には求められるであろう。

　社会が大きく変化する中で、「なぜ、今の社会の仕組みはこのようになっているのか」を読み解く手がかりの一端として、法律の理解を深めてほしい。

●課題
Q1．教育全般を考える際に、学校教育と社会教育、家庭教育が果たす役割をどのように調整すればいいだろうか。また、たとえば家庭教育に、ある事柄についての教育を義務づけることはできるだろうか。
Q2．義務教育制度の成立過程（第4章を参照）を参考にしながら、義務教育の期間見直しについて考えてみよう。
Q3．学校教育と社会教育の連携（学社連携）を進める上で、どのような点に注意が必要だろうか。

●参考文献
永井憲一（1985）『憲法と教育基本権　新版』勁草書房
小笠原正（1980）『憲法理念と教育法』学陽書房
平原春好編（1996）『教育と教育基本法』勁草書房
文部科学省ホームページ
浪本勝年・三上昭彦編著（2012）『「改正」教育基本法を考える――逐条解説［改訂版］』北樹出版
教育学関連15学会共同公開シンポジウム準備委員会編（2006）『教育基本法改正案を問う――日本の教育はどうなる』学文社
教育学関連15学会共同公開シンポジウム準備委員会編（2007）『新・教育基本法を問う――日本の教育をどうする』学文社

第6章　教育に関する制度と教育をめぐる諸動向

　本章では、教育に関する制度と教育をめぐる動向について、大きく義務教育に関する制度、教員に関わる制度、教育行政制度、近年の教育・学校に関わる制度改革、そして教育に関する新たな動向について概観していく。

　義務教育制度では、日本国憲法第26条に定める教育を受ける権利との関係で、とくに児童生徒が学校で学ぶ教育内容に関わる事項や、日本の義務教育制度に関わる教育法規上の規定と義務教育の無償に関する事項をみていくこととなる。

　教員に関わる制度においては、主に教員となるために求められる要件として、教育職員免許状に関わる事項、そして、教員としての資質を向上していくためのしくみである研修に関わる事項を確認していく。あわせて、近年の多様化、複雑化する教育問題に対応できる教員を養成するために創設された教職大学院についても説明する。

　また、教育行政制度では、教育政策を具現化し、公教育を動かしているしくみとして、文部科学省や教育委員会といった教育行政機関の概要を述べる。

　近年、日本では、さまざまな形で教育や学校に関わる制度改革が進められているが、なかでも今後の学校の具体的なあり方についての改革として、学校全体の教職員がチームとして動くこと（チーム学校）が求められており、これを取りあげ、説明する。そして、最後に、新たな教育への試みとして、学校教育における評価のあり方の転換（目標に準拠した評価）や学校評価の導入、特別支援教育とキャリア教育のあり方について述べていく。

1　教育を受ける権利と義務教育制度

（1）教育を受ける権利

　第5章で、教育や学校教育に関する法規について学んだが、これを受けて、教育を受ける権利と義務教育制度の関係を中心にその関係性や構造をみていく。

　日本国憲法第26条には第1項で「すべて国民は、法律の定めるところにより、その能力に応じて、ひとしく教育を受ける権利を有する」とすべての国民が教育を受ける権利を有していることを定めている。教育を受ける権利は、自由権としての側面を有しているが、あわせて社会権に属するとも解されており、国に対して、国民が自らに教育を施すことを求めていく権利ととらえることができる。これにもとづき、国は国民に対し教育条件を整備する責務があるため、小学校・中学校等を中心とした教育制度を設けているのである。

　また教育を受ける権利をめぐっては、学校において子供が受ける教育内容を決める権利、すなわち教育権がだれにあるのかについて争いがある。これは、教育を受ける権利がもつ自由権の側面と社会権の側面の関係性が問われたものとみることもできるだろう。この教育権が争われた裁判としては、北海道学力テスト事件が著名であろう。本裁判では、教育権の主体として国、教師、保護者（親）の3者が想定され、国家の教育権と国民の教育権の形で争われた。本裁判において、1976（昭和51）年の最高裁判決では、国は国民教育の観点から必要かつ合理的な範囲で教育内容を決める権限を有しており、また教師には完全な教育の自由は認められないものの、一定程度教育内容を決定する権限は有しているとされた。そして保護者（親）は子どもへの自然的な関係から、子どもの教育の自由があるが、これは主に家庭教育や学校選択等に表れるものとされた。

　また、教師の教育権については、いわゆる教科用図書検定（教科書検定）の是非をめぐっても争われた、家永教科書訴訟における1986（昭和61）年の東京高裁の判決でも「教育内容、方法をなんびとがどのように決定するかを憲法二十六条の規定から導き出すことはできない」と述べた上で、国は憲法上国民

の信託を受けて適切な教育政策を実施する権能をもっており、また「必要かつ相当と認められる範囲では、教育内容についてもこれを決定する権能を有する」としている。そして「教育の機会均等をはかるために全国的な一定水準を確保する必要上教育内容に一定の共通性が要請されること」等から、教師に完全な教授の自由が認められるとはいえないとしている。

（2）義務教育制度

子供の教育を受ける権利あるいは国民教育の考えをより具体化するのが日本国憲法第26条の第2項「すべて国民は、法律の定めるところにより、その保護する子女に普通教育を受けさせる義務を負ふ。義務教育は、これを無償とする」との規定である。これはいわゆる義務教育に関する規定であり、本規定をみると、保護者が保護する子供に教育を受けさせるという意味での義務であることがわかる。この義務制は、近代公教育の原則（義務制、中立性、無償性）の1つである。あわせて、本規定では近代公教育の3原則の1つである義務教育の無償制を定めている。

この義務教育はさらに学校教育法第16条で「保護者（子に対して親権を行う者（親権を行う者のないときは、未成年後見人）をいう。以下同じ）は、次条に定めるところにより、子に九年の普通教育を受けさせる義務を負う」とあり、義務教育が9年間であることが定められている。さらに第17条第1項では「保護者は、子の満六歳に達した日の翌日以後における最初の学年の初めから、満十二歳に達した日の属する学年の終わりまで、これを小学校、義務教育学校の前期課程又は特別支援学校の小学部に就学させる義務を負う。ただし、子が、満十二歳に達した日の属する学年の終わりまでに小学校の課程、義務教育学校の前期課程又は特別支援学校の小学部の課程を修了しないときは、満十五歳に達した日の属する学年の終わりまでとする」とされている。また第2項では「保護者は、子が小学校の課程、義務教育学校の前期課程又は特別支援学校の小学部の課程を修了した日の翌日以後における最初の学年の初めから、満十五歳に達した日の属する学年の終わりまで、これを中学校、義務教育学校の後期

課程、中等教育学校の前期課程又は特別支援学校の中学部に就学させる義務を負う」とある。すなわち9年間とは6歳から15歳までの9年間であって、この間小学校や中学校等に就学させなければならないことが具体的に述べられているのである。

（3）義務教育の無償と教科書

　義務教育の無償の範囲をめぐって争いがあった。憲法でいう無償の範囲は国及び地方公共団体の設置する学校における授業料の無償とされており、その他は立法措置によると考えられている。この点について、具体的には1964（昭和39）年の最高裁判決（教科書費国庫負担請求事件）において、「憲法第二十六条後段でいう、義務教育の無償とは『授業料』のみの無償をさし、教科書代等の教材費等まで無償にすることを保障したものではない」とされている。また、上記の立法措置とは、たとえば教科書の無償の場合などである。現在、小学校や中学校等の義務教育段階では、教科書が無償で児童・生徒に配布されているが、これは、義務教育における教科用図書の無償措置に関する法律が立法化されていることによるのである。

2　教員をめぐる制度

（1）教員の免許制度

　授業などをはじめとして、学校の教育活動を実際に中心的に担っていくのは、教員である。そこで、教員を含めた学校における教職員のあり方をみていく。学校教育法第37条では「小学校には、校長、教頭、教諭、養護教諭及び事務職員を置かなければならない」とある。あわせて「小学校には、前項に規定するもののほか、副校長、主幹教諭、指導教諭、栄養教諭その他必要な職員を置くことができる」（第2項）とされている。しかしながら、特別の事情がある場合には、教頭、養護教諭、事務職員を置かないことができる（第3項）。このように学校の教職員には「置かなくてはならない教職員」「置くことができ

る教職員」「置かないことができる教職員」がある。なお、学校の教職員の中で、直接児童生徒の教育に携わる者を教員と総称している。教育公務員特例法第2条第2項によれば、教員とは、教頭、副校長、主幹教諭、指導教諭、教諭、助教諭、養護教諭、養護助教諭、栄養教諭、主幹保育教諭、指導保育教諭、保育教諭、助保育教諭および講師（専任）を指すとされている。そして学校教育法第37条では、教諭の職務は「児童の教育をつかさどる」（第11項）とある。教諭は学校での授業などをとおして、児童生徒を教育していくことになる。

　それでは、教員になるために必要な要件は何だろうか。これは具体的には「教育職員免許状」を有していることである。日本の場合、相当する学校種の教育職員免許状を所持する者のみ教壇に立てる免許状主義を採っている。

　この方針は、戦前の教員養成、特に師範学校での教員養成のあり方への反省に基づいている。戦前の教員養成は師範学校を中心に行われていたが、そこで養成される教員は「師範型教員」と呼ばれ、また、教員には、教育をとおして、戦前の天皇を中心とした国家体制などを維持し強化していく役割が担わされていた。戦後は、こうした戦前の師範学校での教員養成への反省にたち、戦後教育改革期に教育のあり方を決定していく上で大きな影響力をもった教育刷新委員会で教員養成に関する議論が進められ、そこで必ずしも議論の一致があったわけではなかったが、大学における教員養成と開放制による教員養成の方向性が示された。大学における教員養成の原則は、限られた教育機関で教員を養成するのではなく、視野の広い、そして高度な専門的知識・技能をもった人材を広く求めていこうとする点にある。

　また、開放制の原則は、上記とも関わるが、国・公・私立のいずれの大学でも、それぞれの大学が教育職員免許状取得に必要な所要の単位に係る科目を履修できる課程等を開設し、これらの科目を学生が履修することによって、教育制度上等しく教員養成を実施していくことができることを指している。

　教育職員免許状には普通免許状、臨時免許状、特別免許状の3種類があり、いずれも都道府県教育委員会から授与される。各教育職員免許状には、それが与えられるための資格要件がある。これは、教育職員免許法第5条で定められ

ている。普通免許状については、所要の基礎資格の上で、大学等において、教職や教科に関する所定の教科目を履修し、単位を修得した者、あるいは教育職員検定に合格した者に与えられる。特別免許状については、教育職員検定に合格した者に与えられる。具体的には、教員に任命し雇用しようとする者の推薦に基づき、「担当する教科に関する専門的な知識経験又は技能を有する者」あるいは「社会的信望があり、かつ、教員の職務を行うのに必要な熱意と識見を持っている者」に対して授与される。臨時免許状は、普通免許状をもつ者を採用できない場合に限って、教育職員検定に合格した者に与えられる。

また、教育職員免許状が与えられない欠格条件も教育職員免許法第5条に定められており、①18歳未満の者、②高等学校を卒業しない者、③成年被後見人又は被保佐人、④禁錮以上の刑に処せられた者、⑤公立学校の教員であって懲戒免職の処分を受ける等の理由で免許状がその効力を失い、当該失効の日から3年を経過しない者、⑥懲戒免職の事由に相当する事由による解雇等で免許状取上げの処分を受け、当該処分の日から3年を経過しない者には教育職員免許状は授与されない。また2007（平成19）年に教育職員免許法等が改正され、教育職員免許状のうち、普通免許状の有効期間は10年とされたため、10年を経過した後は教員免許状更新講習を受講して更新しなければならない。その他に特別免許状の有効期間が10年間、臨時免許状が3年間となっている。

（2）教員の研修制度

つぎに教員の研修についてみていく。すべての教員にとって、研修を受けることは、自らの教員としての専門性を高めていくためにも不可欠である。教員の研修の重要性は、教育基本法第9条第1項に「法律に定める学校の教員は、自己の崇高な使命を深く自覚し、絶えず研究と修養に励み、その職責の遂行に努めなければならない」との規定にも表れている。さらに公立学校の小学校等の教員には、教育公務員特例法に研修に関する規定がある。教育公務員特例法第21条で「教育公務員は、その職責を遂行するために、絶えず研究と修養に努めなければならない」とされ、また任命権者である都道府県教育委員会には

「教育公務員の研修について、それに要する施設、研修を奨励するための方途その他研修に関する計画を樹立し、その実施に努めなければならない」と定められている。さらに第 22 条で「教育公務員には、研修を受ける機会が与えられなければならない」、また「教員は、授業に支障のない限り、本属長の承認を受けて、勤務場所を離れて研修を行うことができる」とあるように、教員の研修には義務と権利の両面性があり、日常的に行うもの、職務に専念する義務を免除されて行うもの、そして初任者研修、中堅教諭等資質向上研修などの法定研修がある。

初任者研修については「公立の小学校等の教諭等の任命権者は、当該教諭等（政令で指定する者を除く）に対して、その採用の日から一年間の教諭の職務の遂行に必要な事項に関する実践的な研修（以下「初任者研修」という）を実施しなければならない」（同法第 23 条）とある。2016（平成 28）年に教育公務員特例法が改正され、これまでの十年経験者研修は中堅教諭等資質向上研修に改められた。同法第 24 条で、「公立の小学校等の教諭等の任命権者は、当該教諭等に対して、個々の能力、適性等に応じて、公立の小学校等における教育に関し相当の経験を有し、その教育活動その他の学校運営の円滑かつ効果的な実施において中核的な役割を果たすことが期待される中堅教諭等としての職務を遂行する上で必要とされる資質の向上を図るために必要な事項に関する研修を実施しなければならない」とある。

また近年、教員に求められる資質能力の観点から改革が進められている。教員に求められる資質能力は 1999（平成 11）年の教員養成審議会第 3 次答申「養成と採用・研修との連携の円滑化について」で示されているが、2016（平成 28）年の中央教育審議会答申「これからの学校教育を担う教員の資質能力の向上について〜学び合い、高め合う教員育成コミュニティの構築に向けて〜」では「これからの時代の教員に求められる資質能力」が 5 点あげられた。その 5 点とは①これまで教員として不易とされてきた資質能力、②自律的に学ぶ姿勢を持ち、時代の変化や自らのキャリアステージに応じて求められる資質能力を生涯にわたって高めていくことのできる力、③情報を適切に収集し、選択し、

活用する能力や知識を有機的に結びつけ構造化する力、④アクティブ・ラーニングの視点からの授業改善、道徳、教育の充実、発達障害を含む特別な支援を必要とする児童生徒への対応などの新たな課題に対応できる力、⑤「チーム学校」の考えの下、組織的・協働的に諸課題の解決に取り組む力である。そして、これら5つの資質能力を育成するため、今後教員の養成・採用・研修の一体的改革により、「教員が教職生涯にわたって資質能力を向上させていく」必要性を指摘する。すなわち、教員には、いわゆる「学び続ける教員」としての性格をより強いものにすることが求められているのである。

　本答申には「学び続ける教員の養成段階から研修段階までの資質能力の向上施策を、教育委員会、大学等の関係者が一体となって体系的に取り組むための体制の構築が不可欠」と述べられている。そして、これからは「教育委員会等は、求める教員像を明確かつ具体的に示し、当該教員像に合致する者の採用に適した選考方法の工夫を行うべきである」であり「今後は、後述する教員の育成目標を作成し、それを踏まえるなどの取組を進めて」いくべきと指摘し、「学び続ける教員を支えるキャリアシステムの構築」を提言している。これを受け、国の具体的な改革として、2016（平成28）年11月に教育公務員特例法の一部改正が行われた。これにより「校長及び教員としての資質の向上に関する指標」を作成することとこの教員育成指標をふまえた「教員研修計画」、そして、指標を策定するための「協議会」（教員育成協議会）の設置について規定が設けられた。都道府県教育委員会等の任命権者が設置する教員育成協議会では、国の示す指針を参考にして、校長および教員の職責、経験および適性に応じて向上を図るべき校長および教員としての資質に関する指標の策定等について協議することになる。

（3）教職大学院の創設

　2007（平成19）年に専門職大学院設置基準が改正され、教職大学院が設置されることとなった。教職大学院は、幼稚園や小学校、中学校などにおける実践的な指導力を備えた新人教員の養成や現職教員を対象にしたスクールリーダー

（中核的中堅教員）の養成など高度の専門的な能力および優れた資質を有する教員の養成のための教育を行うことを目的としている。これは「子どもの学ぶ意欲の低下や社会意識・自立心の低下、社会性の不足、いじめや不登校などの深刻な状況など学校教育の抱える課題」に対応できる教員の養成が、現代の日本で求められていることを背景としている。

　教職大学院の標準的な修業年限は2年間であるが、1年以上2年未満の短期履修コース、あるいは2年以上の長期履修コースの設定も可能となっている。また、教職大学院における教員組織については、教職大学院の目的に照らし、その4割以上を、教職等としての実践経験を有する実務家教員を中心に構成することになっている。また、その教育課程は、理論と実践の融合の考え方のもとで、すべての学生が履修する「共通科目」と「学校における教育実習」「コース別選択科目」の3つから大きく構成される。「共通科目」には、教育課程の編成・実施に関する領域、教科等の実践的な指導方法に関する領域、生徒指導、教育相談に関する領域、学級経営、学校経営に関する領域、学校教育と教員のあり方に関する領域の5つがある。「コース別選択科目」については、各教職大学院が創意工夫をしながら設定することになる。

3　教育行政の働き——文部科学省・教育委員会の機能とその役割

(1) 教育委員会の歴史と概要

　法律等に定められた教育政策等を具体化することは教育行政の役割であるが、そのための教育行政機関は国と地方に置かれている。すなわち国の機関として文部科学省が、地方の機関として教育委員会がある。文部科学省は国全体に関わる教育についてその機能を果たすことになる。教育委員会は都道府県と市町村に置かれる。教育は地方分権制が採られているため、文部科学省は教育委員会に対して指導・助言・援助の機能しか有していない。

　日本の場合、小学校・中学校・高等学校は地方公共団体によって設置される公立学校が多い。そして公立学校に関わる教育行政は教育委員会が実施してい

る。教育委員会は、都道府県および市町村等に置かれる合議制の執行機関であり、生涯学習、教育、文化、スポーツ等の幅広い施策を展開している。教育委員会は、都道府県（47カ所）と市町村（全国に約、1,800カ所）に設置されており、教育の特殊性から一般の行政から独立した「行政委員会」としての性格を有している。行政委員会とは、一般に法律などに定められた職権を行使していくにあたって、監督官庁等から独立した形で行政権を行使する地位が認められた機関のことをいう。教育委員会制度を採った意義として、①政治的中立性の確保、②継続性、安定性の確保、③地域住民の意向の反映がある。

戦後教育改革期、1948（昭和23）年に教育委員会法が制定され、教育の地方分権、教育の民衆統制、教育行政の独立の考えのもと、行政委員会としての教育委員会が設置された。この時期、教育委員会の教育委員は住民の選挙によって選ばれていたが（公選制）、このような教育委員により組織される教育委員会のあり方を民衆統制という。あわせて、教育の専門家としての教育長が教育委員会事務局の長として配置されており、教育委員と教育長のバランスのもとで教育行政が実施されていた。しかしながら、教育の政治的中立性の確保等を背景に1956（昭和31）年に「地方教育行政の組織及び運営に関する法律」が教育委員会法に代わって制定され、行政委員会としての教育委員会の性格は維持されつつも、教育委員が地方公共団体の長により任命される任命制の教育委員会となった。

（2）教育委員会制度の改革

教育委員会の組織は、狭義と広義からとらえることができる。狭義の教育委員会とは原則として教育長と4人の教育委員から組織される委員会をいう（都道府県・市は教育長＋5名以上、町村は教育長＋2名以上も可）。教育委員は地方公共団体の長である都道府県知事、市町村長が議会の同意を得て任命する。任期は4年である。教育委員の資格は「当該地方公共団体の長の被選挙権を有する者で、人格が高潔で、教育、学術及び文化等に関し識見を有するもの」である。また、教育委員のうちには父母等の保護者が含まれるように努めなければ

ならない(地方教育行政の組織及び運営に関する法律第3〜4条)。

教育長は、首長が議会の同意を得て、人格が高潔で教育行政に関し識見を有する者のうちから任命する。教育長は、教育委員会の会務を総理し、教育委員会を代表する。教育委員会を代表するとは、具体的には教育委員会の会議の主宰者であり、事務執行の責任者であり、教育委員会事務局の指揮監督者であるということである。教育長の任期は3年である(同法第5条)。

広義の教育委員会とは、教育委員会の下に置かれる事務局も含めたものである。そして、その事務局の長は教育長である。教育委員会事務局には、指導主事、社会教育主事の他、各担当課が置かれている。担当課とは、たとえば、総務課、学校教育課、生涯学習課などである。そして、教育委員会事務局は、教育長の指揮監督の下、教育に関わる行政全般を具体的に執行していく役割を担っている(同法第17条)。このような教育委員会制度の特性は、①首長からの独立性、②合議制、③素人統制(レイマン・コントロール)にあり、この点は、今回の改正でも引き続き維持されている。

現在の日本の教育委員会制度については「地方教育行政の組織及び運営に関する法律」が改正され、2015(平成27)年4月から施行されている。これにより、これまでの教育委員会制度のあり方に抜本的な改革が加えられた。この点は注意をしておかなくてはならない。この改革は、①教育行政における責任体制の明確化、②教育委員会の審議の活性化、③迅速な危機管理体制の構築、④地域の民意を代表する首長等の連携強化、⑤いじめによる自殺等が起きた後においても、再発防止のために国が教育委員会に指示できることを明確化することを目的に行われたものである。

このうち、とくに④と関連して、すべての地方公共団体に「総合教育会議」が置かれることとなった。総合教育会議は、首長が招集し、その構成員は首長と教育委員会となっている。本会議では①教育行政の大綱の策定、②教育の条件整備など重点的に講ずべき施策、③児童生徒等の生命・身体の保護等緊急の場合に講ずべき措置についての協議・調整が行われる。なお、総合教育会議で協議・調整の後、教育に関する施策の大綱を、教育基本法第17条に定める基

本的な方針を参酌しつつ、地方の実情に合わせて、首長が策定することになっている（同法第1条の4）。

4　近年の教育制度改革――学校制度を中心に

　2015（平成27）年の中央教育審議会答申「チームとしての学校の在り方と今後の改善方策について（答申）」で、今後の学校は「チームとしての学校」（以下、チーム学校）という観点からそのあり方を改善していくべきとされた。複雑化・多様化する課題を解決して、子供たちの資質・能力を育てていくために、これからの学校には学校のマネジメント機能の強化と組織として教育活動に取り組む体制と必要な指導体制を整備することが重要になる。あわせて、生徒指導、特別支援教育の充実のために、学校や教員が心理や福祉等の専門スタッフと連携・分担する体制を整えなければならない。

　チーム学校が求められる背景には、①新しい時代に求められる資質・能力を育む教育課程を実現すること、②複雑化・多様化した課題を解決すること、③子供と教員が向き合う時間を確保することの3つがある。①は、社会に開かれた教育課程を実現し、アクティブ・ラーニングをふまえた指導方法による授業改善やカリキュラム・マネジメントによる組織運営により実現することが求められる。②では、いじめや不登校、特別支援教育の充実など学校の抱える問題が複雑化・多様化していることや貧困問題等への対応も求められており、こうした課題の複雑化・多様化には、心理や福祉の専門性があわせて必要となる。③については、日本の教員は、学習指導や生徒指導、部活動など業務が非常に幅広いこと、教員以外の専門的なスタッフの配置が少ないこと、勤務時間が長いことなどがあげられる。

　このような課題等に対応していくチーム学校を実現するには、（1）専門性に基づくチーム体制の構築、（2）学校のマネジメント機能の強化、（3）教員一人ひとりが力を発揮できる環境の整備の3つの視点をふまえ、学校のマネジメントモデルの転換を図っていくことが求められるのではないだろうか。また

学校と家庭・地域が連携・協力し、ともに子どもの成長を支えていく体制を作り、学校と警察や児童相談所と連携・協働して、生徒指導や子どもの安全等に組織的に取り組んでいく必要があるだろう。

　チーム学校を実現するための具体的な方策について、上記の（1）〜（3）にもとづきながら、詳細を述べていく。（1）については、アクティブ・ラーニングによる授業改善や複雑化・多様化する課題へ対応するための教職員定数の拡充、指導教諭配置の促進による「教職員指導体制の充実」、地域連携担当教職員を法令上位置づける「地域との連携体制の整備」、心理や福祉に関する専門スタッフを法令上に位置づけたり、学校司書の図書館配置の促進、部活動指導員の法令上の位置づけ、医療的ケアを行う看護師の配置促進など「教員以外の専門スタッフの参画」が大切になる。（2）では、管理職の計画的な養成、管理職研修充実のためのプログラム開発など「管理職の適材確保」、主幹教諭の配置促進や主幹教諭活用のための実践的研修プログラムの開発など「主幹教諭制度の充実」、事務職員の学校教育法の位置づけの見直し、事務の共同実施組織に関する法令上の位置づけなど「事務体制の強化」がある。（3）については、教職員の意欲を引き出すための人事評価、教職員間や専門スタッフとの協働を促すための学校単位の取り組みの表彰制度など「人材育成の推進」、「学校現場における業務改善のためのガイドライン」を活用した研修の実施や教職員のメンタルヘルス対策など「業務環境の改善」、指導主事配置の充実や問題解決支援チームの教育委員会への設置など「教育委員会等による学校への支援の充実」があげられる。

5　新しい教育の試み

(1)「目標に準拠した評価」への転換

　1960年代に「到達度評価」の研究が広まりと深まりをみせ、国際的な教育評価の潮流は、「集団に準拠した評価」（いわゆる相対評価）から「目標に準拠した評価」（いわゆる絶対評価）へと移りつつあった。日本においてはこれに加

えて、「新しい学力」をいかに評価するかが問題となった。新学力観にもとづく学力とは、少なくともその一面においては「社会の変化に対応するための力」であるから、既存・特定の知識・技能の有無や成否のみをその評価基準とすることはできない。ましてや、そうした評価基準にもとづく成績の、集団における順位を根拠に評定を行うことは、もはや適当ではないとみなされることになった。

　こうした背景のもとで、1980（昭和55）年の指導要録改訂から、評価の重点は徐々に相対評価から絶対評価へと移っていった。小学校および中学校において、1998（平成10）年に改訂された学習指導要領が全面施行となった2002（平成14）年度以降、目標に準拠した評価、いわゆる絶対評価への転換が行われた。これは、観察、面接、質問紙、ペーパーテスト、実技テストなど、多様な評価方法を用いて、学習の目標がどれほど達成されたかを「関心・意欲・態度」「思考・判断」「技能・表現」「知識・理解」の観点（教科ごとに異なる）ごとに評価し、その結果をふまえて評定値をだすものである。これにともない、一人ひとりのよい点、可能性、進歩の状況などの個人内にみられる差異は、たとえ用意された基準では評価できないものであっても、社会の変化への対応力を示すものとして評価すべきものであるため、積極的に評価することとされた。これがいわゆる個人内評価の充実である。なお、高等学校においては、多様な教育を行っているために、相対評価による評定は1955（昭和30）年の指導要録改訂時から行われておらず、目標に準拠した評価による評定が行われていた。

　2008・2009（平成20・21）年の学習指導要領改訂においては、「生きる力」という教育理念に変化はなかったため、その評価のあり方にも大きな変化はなかったが、従来の評価の4観点は、「関心・意欲・態度」「思考・判断・表現」「技能」「知識・理解」に改められ、改訂された学習指導要領に示される学力の3要素、すなわち「主体的に学習に取り組む態度」「思考力、判断力、表現力等」「基礎的・基本的な知識及び技能」を評価するものとされた。

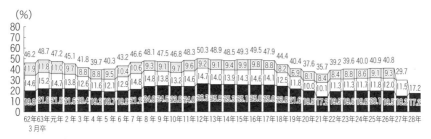

図 6-1　学歴別卒業後 3 年以内離職率の推移（高校卒）

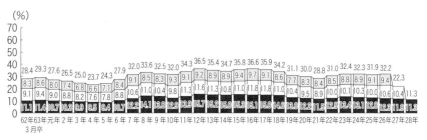

図 6-2　学歴別卒業後 3 年以内離職率の推移（大学卒）

（2）キャリア教育の導入

　長引く不況を背景に、フリーターとよばれるパートタイム労働者や、いわゆるニート（NEET = Not in Education, Employment or Training）、あるいはひきこもりの存在が、2000 年代に入るころに社会問題としてとり沙汰されるようになった。また、正業に就かない、あるいは就いてもすぐに離職してしまう若者の存在も指摘された（図6-1・6-2）。こうした事態は、職業上の知識や技能を直接身につける教育が不十分であるということよりも、子供たちの内面の問題を示唆しているものと考えられた。すなわち、横並び意識の強いわが国の子供たちは、主体的な進路選択・決定を行わない傾向があり、その結果、勤労観・職業観の未熟なままに進学あるいは就職してしまっていると考えられたのである。

　そのため、学校教育が「生きること」「働くこと」と疎遠になっているのではないかとの指摘をうけて、文部科学省で調査研究が行われた。2004（平成

16）年にだされた「キャリア教育の推進に関する総合的調査研究協力者会議報告書——児童生徒一人一人の勤労観、職業観を育てるために」において「キャリア」が「個々人が生涯にわたって遂行する様々な立場や役割の連鎖及びその過程における自己と働くこととの関係付けや価値付けの累積」と規定され、「キャリア教育」とは「キャリア」概念にもとづき「児童生徒一人一人のキャリア発達を支援し、それぞれにふさわしいキャリアを形成していくために必要な意欲・態度や能力を育てる教育」、端的には、「児童生徒一人一人の勤労観、職業観を育てる教育」であると定義された。ほぼ同時期に、文部科学省、厚生労働省、経済産業省、内閣府が連携しつつ「若者自立・挑戦プラン」（キャリア教育総合計画）がまとめられ、「若者が自立・挑戦できる社会にするためには、政府、地方自治体、産業界、教育関係者が一体となった取り組みが必要」であるとされ、学校教育において行われるキャリア教育は、その重要な柱と位置づけられたのである。

　キャリア教育は、新しい教育活動を意味するのではなく、従来行われてきた職場体験活動や進路指導、日々の学習、といった、進路や職業に関するものを統合・発展させ、組織的・計画的に行う教育活動の一側面として取り組むものである。当然に、職場体験を行わせればそれでよし、進学先や就職先を見つければそれでよし、というものではなく（それでは、従来と大差はない）、子供の、知識・技能・態度等、全般的な資質・能力を、「社会的・職業的自立」に向けた総合的な教育活動でなければならない、と考えられている。

　2006（平成18）年に改正された教育基本法には、その目標（第2条第2号）として「職業及び生活との関連を重視し、勤労を重んずる態度を養うこと」が記された。これをキャリア教育の法的根拠として、2007（平成19）年に改正された学校教育法においても各学校段階の目標としてキャリア教育が盛り込まれ、2008・2009（平成20・21）年改訂の学習指導要領にもキャリア教育の目標や内容が盛り込まれていくことになった。

（3）特別支援教育への転換

　1994（平成6）年にユネスコで採択された「サラマンカ宣言」は、従来の、教育施策を含む各国の障害者に関する政策の転換を提案するものであった。従来の特殊教育は、ノーマライゼーションの理念の実現、すなわち、すべての人が自立し、参加することができる社会の実現をかえって妨げているものと考えられたのである。障害の種類や程度に応じて行われるものとされていた従来の特殊教育は、少なくともその一側面においては子供を障害種ごと・程度ごとに隔離するものであって、めざす社会の実現をさまたげかねないとみなされた。以降、障害児教育を、個々の自立・社会参加のためのニーズを把握しそれに応え、かつ障害をもたない者と障害をもつ者との交流・相互理解を促進し、共生社会の実現を図るといった「インクルージョン」の手法にもとづく特別支援教育へと転換することが求められた（第5章2を参照）。

　この前後において、日本においても次々と施策が考案され、施行されていった。おもなものとしては、①「通級による指導」が始まり、通常の学級に在籍する、軽度障害のある児童生徒が、特別の場で特別の指導を受けられるようになったこと、②「認定就学者制度」の新設により、障害のある児童生徒を、保護者の意向などをふまえ、場合によっては通常の学校に就学させることが可能となったこと、③障害児教育学校における領域「養護・訓練」が、一人ひとりが主体的に「自立」をめざすことを明確にした「自立活動」に改められたこと、④学習障害、注意欠陥多動性障害のある児童生徒が、通級による指導の対象となったこと、⑤従来、盲学校・聾学校・養護学校（知的障害・肢体不自由・病弱）に特殊化されていた障害児教育学校が「特別支援学校」に制度上一本化され、可能なかぎり複数の障害に対応が可能な学校となることがめざされたこと、⑥従来、特殊学級とよばれていた障害児学級を「特別支援学級」に替えて、通常の学校における特別支援教育を充実する場としたこと、⑦通常学校に通う障害のある児童生徒の、個別の指導や支援のための計画を作成することが求められたこと、⑧障害のある幼児児童生徒と、障害のない幼児児童生徒の交流・共同学習の充実が求められたことなどがあげられる。いずれの施策も、「個々の

自立に向けた教育的ニーズに応じること」や「相互理解を図ること」をめざしていることが察せられよう。

　2016（平成28）年に「障害を理由とする差別の解消の推進に関する法律」が施行された。これは、「障害者の権利条約」（2014（平成26）年に批准承認）の、国内法整備の一環として成立していたものである。それにより、学校においても（国公立学校においては義務として）、障害を理由とする「不当な差別的取り扱い」が禁じられ、「過重な負担」でなければ「合理的配慮」を行うこととされた。たとえば、発達障害により、人前での発表を行うことが難しい子供がいた場合、彼もしくは彼女に、特別にレポート課題を課すことで発表に替えることは、教員にとって「過重な負担」になるであろうか。病弱・身体虚弱の子供に対し、治療期間の授業内容を、補講を行うことで学習機会を保障することは、どうであろうか。もちろん、こうした問題は、画一的な基準を設けて「その負担は過重だ」「その配慮は合理的だ」といった判断を行うべきものではないであろう。これら一つひとつが「共生社会」の実現に向けた、学校教育という側面からの取り組みであるという視点で、学校・教職員が真摯に臨むべき課題とされるだろう。

（4）学校評価の導入

　2002（平成14）年に施行された小学校設置基準などにおいて、新たに各学校が学校評価を行うことが定められた後、2007（平成19）年に学校教育法が改正され、すべての一条学校において学校評価が行われることになった。この学校評価制度は、少なくとも初等中等教育学校のそれに関しては、目標設定とその到達のための計画立案、実施、評価、改善の、いわゆるPDCAサイクルをへて、各学校の教育活動その他の学校運営の、組織的・継続的な改善が促されることをそのねらいとしている。また、評価結果の公表を通して、学校、家庭、地域住民などが子供の教育のために相互に連携協力するための前提としての説明責任を学校が果たすこと、および評価結果に応じて設置者が各学校への支援・条件整備などを行うことが規定されている。

この評価活動は、学校みずからによる「自己評価」、家庭や地域住民などによる「学校関係者評価」、専門家などによる「第三者評価」を順に行うというものである。これらのうち「学校関係者評価」には、家庭や地域住民その他の関係者が参加することになるが、この実施を通して、そうした関係者たちの学校運営への理解と協力を得ることが期待されている。学校運営に保護者や地域住民などの参画を得ようとする試みとしては、これまでにも昭和20年代以降のPTA、2000（平成12）年度からの学校評議員制度、2004（平成16）年からの学校運営協議会制度があった。しかしこれらは、法令に根拠がないものであったり（PTA）、意見を聞くにとどめるものであったり（学校評議員制度）、教育委員会の指定制であったり（学校運営協議会制度、なお、この学校運営協議会を設けた学校を一般に「コミュニティ・スクール」と呼ぶ）と、いずれもすべての学校に強制力をおよぼすものとはいいがたい。その一方で、この「学校関係者評価」はすべての学校にて行われるものであって、広く、いわゆる「開かれた学校」づくり、また、平成29・30（2017・2018）年学習指導要領にて要請されることとなった「社会に開かれた教育課程」を実現するための取り組みとなる可能性を有している。

●課題
Q１．教育を受ける権利と児童生徒が学ぶ教育内容のあるべき関係を考えてみよう。
Q２．教育委員会の位置づけや役割を調べ考え、議論してみよう。
Q３．学校教育における学習状況の評価を、評価そのもののあり方や評価観点の変遷から考えてみよう。

●参考文献
芦部信喜・高橋和之補訂（2015）『憲法　第6版』岩波書店

荒牧重人・小川正人・窪田眞二・西原博史編（2015）『新基本法コンメンタール　教育関係法』日本評論社
兼子仁（2015）『教育判例百選　第3版』（別冊ジュリスト）有斐閣
キャリア教育の推進に関する総合的調査研究協力者会議（2004）「キャリア教育の推進に関する総合的調査研究協力者会議報告書——児童生徒一人一人の勤労観、職業観を育てるために」
教員の資質向上研究会（2017）『平成28年改正　教育公務員特例法等の一部改正の解説——学校教育を担う教員の資質能力向上をめざして』第一法規
佐藤幸治（2011）『日本国憲法論』成文堂
新堀通也編（2000）『戦後教育の論争点』教育開発研究所
中央教育審議会答申（2015）「チームとしての学校の在り方と今後の改善方策について」
辻村みよ子（2004）『憲法　第2版』日本評論社
文部科学省地方教育行政研究会（2014）『Q&A 改正地方教育行政法〈平成26年改正〉——新教育委員会制度のポイント』ぎょうせい
文部科学省「教職大学院」(http://www.mext.go.jp/a_menu/koutou/kyoushoku/kyoushoku.htm)（最終閲覧日：2018年10月28日）
湯浅恭正（2018）『よくわかる特別支援教育　第2版』ミネルヴァ書房

第7章　生徒指導上の諸問題と教員の現在

　この章では、前章までの教育に関する言葉の定義や教育の歴史、法規、制度で示されたような学校教育の現場において、生徒指導とその実践者である教員が置かれている現状についてこれまでの出来事を振りかえりつつ、テーマごとに解説する。

　この章で扱われる、いじめや不登校、体罰、学級崩壊といったテーマの中には、長い間、解消・解決の見通しがつかないものもある。明治時代の学制施行から140年以上が経過した今も、学校は「学ぶ場所」という中核的な機能を堅持している。その一方で、学校にはこれ以外の役割も同時進行で付加的に求められ続けている。生徒指導はその代表的な例だといえる。たとえば「いじめ」は戦前の学校現場でもよくみられたと懐古主義的に振りかえられることがあるが、被害者を自殺にまで追いこんでいくような昨今の風潮は、現代の「いじめ」が過去の例と比べて等質ではないことを示唆している。

　また、生徒指導に続く保護者対応や部活動というテーマにおいては、教員の実情の一端が紹介される。教員は、児童生徒の質の変化だけでなく、彼らを取り囲む社会自体の変化にも対応していかなければならない。保護者の実質は戦後から現在にかけて大きく変貌したし、教員にとっての部活動の位置づけも時代とともに変容してきた。以下では、時代の情勢に応じてさまざまに変化する、生徒指導上の諸問題と教員の現在について具体的に説明していく。

1　生徒指導上の諸問題──いじめ・不登校の現在

(1) いじめの現在

　「いじめ」を苦にした青少年の自殺は、マスコミで毎年報道されるほど、わたしたちの社会において深刻な問題だとされている。平成28（2016）年度「児

童生徒の問題行動等生徒指導上の諸問題に関する調査」(平成29 (2017) 年12月15日速報値)によれば、小・中・高等学校及び特別支援学校におけるいじめの認知件数は32万3,808件であり、前年度22万5,132件から大幅に増加した。児童生徒1,000人当たりの認知件数は23.9件(前年度16.5件)であった。特に、小学校におけるいじめの認知件数が大幅に増加する傾向がみられた。平成28 (2016) 年度調査から、「けんかやふざけ合い、暴力行為等であっても、背景にある事情の調査を行い、児童生徒の感じる被害性に着目し、認知を行うこと」を意識して調査したことと、「いじめはどの子供、どの学校でも起こりうるという理解のもと、初期段階のものも含めて積極的に認知すべき」であることを重視した結果、今回の大幅な認知件数の増加につながったと考えられる。

　調査によって判明する「いじめ」の件数は、ある年度に、突然、急上昇することがある。それは、この平成28 (2016) 年度調査のように、定義として示される「いじめ」の範囲に修正を加えたときや教育現場で社会的な注目を浴びるような大きな「いじめ」問題が発生したときである。たとえば、平成以降のデータを確認してみると、文部科学省は平成6年と平成18年に「いじめ」の定義に修正・変更を加えており、これに歩調を合わせるようにそれぞれ年の調査結果は「いじめ」の件数が飛躍的に上昇している。ここからみえてくるのは、「いじめ」の実件数は調査する者の態度・姿勢によって大きく変動するということである。したがって、「いじめ」の件数が増えた、減ったと年度ごとにデータを見比べていても、必ずしも、現実を適切に反映していないことも考えられることから、こうした数値はひとつの目安としてとらえるべきものだろう。

　さて、現在の「いじめ」の定義は「いじめ防止対策推進法」によって次のように定められている。

　　この法律において「いじめ」とは、児童等に対して、当該児童等が在籍する学校に在籍している等当該児童等と一定の人的関係にある他の児童等が行う心理的又は物理的な影響を与える行為(インターネットを通じて行われるものを含む。)であって、当該行為の対象となった児童等が心身の苦痛を感じ

ているものをいう。(いじめ防止対策推進法第 2 条)

　定義からもわかるように、「いじめ」という行為の示す範囲は広く、さまざまな行為が「いじめ」に該当する。「心理的な影響を与える行為」であれば、無視、中傷、表立っていない嫌がらせなどがあるだろうし、「物理的な影響を与える行為」であれば、暴力、恐喝、搾取などが該当するだろうが、いずれにしても「当該行為の対象となった児童等が心身の苦痛を感じている」という被害者の心情が「いじめ」であるかどうかを判別する際の決め手になっているという点は注目に値する。

　また、今回の調査では「個々の行為が『いじめ』に当たるか否かの判断は、表面的・形式的に行うことなく、いじめられた児童生徒の立場に立って行うものとする。また、起こった場所は学校の内外を問わない」と但し書きされていることからわかるように、徹底的な弱者保護の視点から調査を行うことが強調されている。なお、『生徒指導提要』においては、これまでのさまざまな報告の総まとめの見解として、「原因を分析して、それに沿った対応策をとる」「いじめは人間として絶対に許されない」「心のサインを見逃さない（早期発見、早期対応）」「いじめが起きたらアンケート・ヒアリング」をする等が、教育現場における共通認識として提示されている。

　ところで、文部科学省は「いじめの重大事態への対応について、学校の設置者及び学校における法、基本方針等に則った適切な調査の実施」（いじめ防止対策推進法第 28 条第 1 項）を行うため、「いじめの重大事態の調査に関するガイドライン」（平成 29（2017）年 3 月）を策定した。この「重大事態」とは、「いじめにより当該学校に在籍する児童等の生命、心身又は財産に重大な被害が生じた疑いがあると認めるとき」や「いじめにより当該学校に在籍する児童等が相当の期間学校を欠席することを余儀なくされている疑いがあると認めるとき」のことを指している。近年、「いじめ」が引き金になったと推測される自殺がいくつかみられており、その結果、その経緯の調査、裁判などに多大な労力が費やされている。こうしたガイドラインの策定は、同時代の課題に向き合

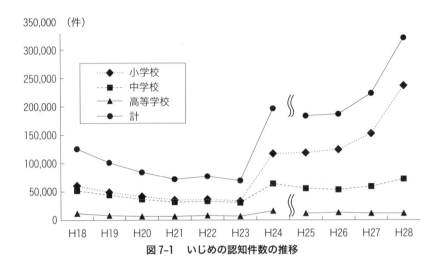

図7-1　いじめの認知件数の推移

う重要な対応であるといえるだろう。

(2) 不登校の現在

「いじめ」とならんで「不登校」の問題は、教育現場で対応すべき最も重要な課題のひとつである。1990年代はじめまで「登校拒否」とよばれていた「不登校」は、現在では「登校を拒否する」という範囲を超えて、「登校したくてもできない」子供たちもその射程におさめていると同時に、児童生徒の心の問題だけとしてとらえるにとどまらず、心の問題も含めた、子供を取り巻く環境の問題として幅広い角度からとらえられている。

「不登校」の定義は、平成28（2016）年度「児童生徒の問題行動等生徒指導上の諸問題に関する調査」（平成29（2017）年12月15日速報値）において、病気や経済的理由で欠席している子供を除き、年度ごとに30日以上断続、連続して欠席した者のうち次のような状況にあるものとして、示されている。

> 不登校とは、何らかの心理的、情緒的、身体的、あるいは社会的要因・背景により、児童生徒が登校しないあるいはしたくともできない状況にあるこ

第 7 章　生徒指導上の諸問題と教員の現在

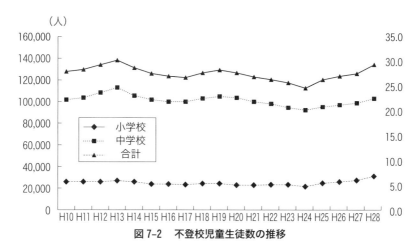

図 7-2　不登校児童生徒数の推移

と（ただし、病気や経済的な理由によるものを除く）をいう。

　「登校したくともできない状況」は、朝、児童生徒が登校しようと思うと急に腹痛になる、頭痛が起きるなどの情緒的混乱を含んでいる。また、社会的要因・背景には、保護者による育児放棄などがあげられ、児童生徒が学校に行きたくても行けない状況などが該当する。今回の調査では、小中高等学校のすべて併せて 18 万 2,977 人（前年度 17 万 5,554 人）と単年度の比較では上昇している。高等学校を除いた義務教育段階の数値でいえば、小・中学校における不登校児童生徒数は 13 万 4,398 人（前年度 12 万 5,991 人）であり、1,000 人当たりの不登校児童生徒数は 13.5 人（前年度 12.6 人）だった。この割合は、平成 10 年度以降、最多である。図 7-2 のグラフからわかるように、小中学校の不登校児童生徒の総数は、過去 20 年近く急激な増減はみられない。つまり、子供たちの学校復帰という観点からみると、事態はまったく改善されていないということである。

　つづいて、平成 10（1998）年以降、不登校児童生徒に対してどのような国の方策がとられてきたのかを、教育行政の発表資料に注目してたどってみよう。

　今ではすっかり定着しており、耳なじみのある言葉だが、平成 13（2001）年

度にスクールカウンセラー活用事業補助が本格的に開始された（先行してスクールカウンセラー活用調査研究事業があった）。臨床心理士などの「心の専門家」を中心としたスクールカウンセラーの導入は、不登校児童生徒の第2の相談窓口として期待された。

　平成15（2003）年3月には、「今後の不登校への対応の在り方について」（不登校問題に関する調査研究協力者会議報告）がだされ、「不登校の解決の目標は、児童生徒が将来的に精神的にも経済的にも自立し、豊かな人生を送れるよう、その社会的自立に向けて支援すること」と示された。そこで、「学校に登校するという結果のみを最終目標にするのではなく、児童生徒が自らの進路を主体的にとらえ、社会的に自立することを目指すことが必要」だと強調された。また、同年5月には、「今後の不登校への対応の在り方について」（初等中等教育局長通知）がだされ、基本的な考え方、学校における取り組み、教育委員会における取り組みなどについて通知がされた。この時点から、国の方針として、学校に復帰することを不登校の児童生徒に過度に期待しないことが明確になり、不登校の問題は「社会的な自立」の問題に還元されることになった。ある意味で、不登校問題の見据え方のこうした変化は、不登校児童生徒の実数が減少しない理由として数えられるだろう。

　平成16（2004）年4月には、「現在長期間学校を休んでいる児童生徒の状況等に関する調査結果とその対応について」（通知）がだされ、児童虐待と不登校の関係性に留意した支援・対応の提言が行われた。おりしも、児童相談所における児童虐待の相談件数が3万件を超え、さらに急上昇のカーブを描く時期と重なっており、こうした社会的な背景は不登校問題をあらためて浮き彫りにした。とくに、育児放棄・拒否（ネグレクト）の家庭における子育ての状況と不登校の関係性は指摘されるところである。

　平成17（2005）年7月には「学校教育法施行規則の一部を改正する省令の施行等について」（通知）において、不登校児童生徒を対象として、その実態に配慮した特別の教育課程を編成する学校を認めるようになり、また同年の「不登校児童生徒が自宅においてIT等を活用した学習活動を行った場合の指導要

録上の出欠の取扱い等について」(通知)において、一定の要件を満たした上でIT等を活用した場合、校長は指導要録上出席扱いおよびその成果を評価に反映できるようになった。こうした取り組みも、不登校児童生徒の学校復帰を第一に考えるのではなく、「社会的な自立」を第一目標としてとらえる際の具体的で弾力的な方策として考えられる。

　平成23 (2011) 年3月には、「不登校生徒に関する追跡調査研究会」が発足し、不登校問題の対策のための基礎資料とするため、不登校生徒に関する追跡調査を検討・実施することになった。平成26 (2014) 年7月には、「不登校に関する実態調査——平成18年度不登校生徒に関する追跡調査報告書」がだされ、平成18 (2006) 年度に不登校だった生徒の5年後の状況等についての追跡調査が行われた。これまで手薄だった追跡調査が行われることによって、今後の教育行政としての不登校児童生徒対策に新しい方途が開ける可能性がある。また、こうした調査が進めば、今注目を浴びている「社会的包摂」や「社会的排除」の問題へと不登校問題が還元されていく可能性も残されている。

2　生徒指導上の教員の課題——体罰・学級がうまく機能しない状況

(1) 体罰

　戦前まで遡れば、教育現場における鉄拳制裁はありふれた光景であった。彼らは現代人よりも教師による暴力を問題視せず、比較的寛容だったといえよう。さらに、日本にとどまらずヨーロッパの中世から近代にかけての教育史に目をむければ、事態は一層のこと明瞭である。教師が鞭をもち、暗記教育を強いる光景は、20世紀初めくらいまでは当たり前であったし、教育と体罰とが一つの現象の表と裏であるととらえていたとしても、当時の人々にあっては不思議ではないだろう。しかし、現代日本において教育現場における体罰は「前世紀の遺物」などと悠長に構えるわけにはいかない。それは批判的にマスコミ報道に取りあげられており、世間の関心は極めて高いといえる。

　さて、以上のような事情はさておき、原則として、学校において体罰は禁止

であり、法律上は次のように規定されている。

　校長及び教員は、教育上必要があると認めるときは、文部科学大臣の定めるところにより、児童、生徒及び学生に懲戒を加えることができる。ただし、体罰を加えることはできない。（学校教育法第11条）

　学校で子供たちが故意に何か不正なことを行った場合、教師はその子供に対して、懲戒として罰を加えることが可能である。それは、たとえば個別によびだして彼らから反省の言葉がでてくるように働きかけることであったり、宿題の量を3割増やすことだったり、時と場合によってその程度・範囲はさまざまに変容する。しかしながら、その懲戒の中に「体罰」は含まれていない。体罰によって正常な倫理観を養うことはできず、むしろ力による解決への志向を児童生徒に助長させることになりかねない。結果として、いじめや暴力行為などの連鎖を生む恐れがある。
　一般に、良い体罰とでもいうべき、「先生に、あの時、殴られて人生が好転した」などという個人的な感想をもつ人がいることは否めない。しかし、こうした人々がいる一方で、その殴られたことが原因で体に重い障害が残ったり、心の傷を負ったりする人もいる。教育的行為が暴力を介在しなくても十二分に成り立つ営みであるということは大前提であるが、たとえば殴る側の力の加減を法的に指示できない以上、原則として、禁止とうたう以外に方途はないだろう。
　戦後の様子を振り返ってみれば、昭和20年代に、教育現場に戦前から引き継がれていた体罰容認の風潮を脱しようと、通達「生徒に対する体罰禁止に関する教師の心得」（昭和24（1949）年 法務府）がだされた。この「心得」では、「用便に行かせない」ことは体罰に該当し、「遅刻や怠けたことによって掃除当番などの回数を多くする」ことは過度であれば体罰だとされた。したがって、よく聞かれる「昔は、体罰など教育現場のありふれた光景だった」というステレオタイプなセリフは、実は、彼らが過ごした幼少期に学校ではすでに法律上、

体罰は禁止され、一定の基準まで公示されていたという事実を骨抜きにする発言ということになる。

　戦後、学校現場にみられてきた体罰は、建前としては禁止されていたものの、実際にはその少なからぬ範囲で許容されてきた。特に、課外活動である部活動においては、体罰であるかどうかの線引きが専門家であってもつけにくく、その結果、体罰が「鍛錬、強化」の名目で容認されてきたことは、多くの大人たちが同意とするところだろう。

　こうした事情は21世紀に入ったあたりから風向きが変わりはじめる。コンプライアンス（法令遵守）に社会全体の意識がむけられ、この流れの中に教育現場における体罰も位置していた。体罰に対する社会の厳しい視線と法令遵守の意識は、教育現場における教員の指導の内実に微妙な変化をもたらしている。たとえば、教員が生徒からナイフで脅されるような事件が起こると、現場の教員の間で体罰の定義・度合いについて戸惑いが生じるようになった。仮にナイフをもった生徒を教師が殴り倒すとそれは体罰になるのか、といったたぐいの逡巡は現場の教師のかかえる不安の代表的な例だといえよう。

　文部科学省は「問題行動を起こす児童生徒に対する指導について（通知）」（平成19（2007）年2月）の中で、「学校教育法第11条に規定する児童生徒の懲戒・体罰に関する考え方」を公表した。この中で、「懲戒の内容が身体的性質のもの、すなわち、身体に対する侵害を内容とする懲戒（殴る、蹴るなど）、被罰者に肉体的苦痛を与えるような懲戒（正座・直立等特定の姿勢を長時間にわたって保持させるなど）に当たると判断された場合は、体罰に該当する」と明確に規定した上で、過去の判例をあげ、体罰に関する新しい見解を公式に次のように提示している。

　　児童生徒から教員等に対する暴力行為に対して、教員等が防衛のためにやむを得ずした有形力の行使は、もとより教育上の措置たる懲戒行為としておこなわれたものではなく、これにより身体への侵害又は肉体的苦痛を与えた場合は体罰には該当しない。また、他の児童生徒に被害を及ぼすような暴力

行為に対して、これを制止したり、目前の危険を回避するためにやむを得ずした有形力の行使についても、同様に体罰に当たらない。これらの行為については、正当防衛、正当行為等として刑事上又は民事上の責めを免れうる。（「問題行動を起こす児童生徒に対する指導について（通知）」（平成19（2007）年2月5日））

こうして、教師による児童生徒に対する、正当防衛、正当行為としての有形力の行使は体罰に該当しないとされた。ただし、この通知が「体罰は場合によってはやむを得ない」と都合のいいように解釈されれば、体罰の増加を安易に招く結果にもなるので、当然、慎重な運用が要求されるところではある。

以上のように、体罰禁止の意識は学校現場により浸透しており、体罰とみなされる基準も公表されたことから、教師として体罰をどのようにとらえるべきかという点についていえば、以前よりはるかにわかりやすくはなっている。ただし、体罰に関する報道が増えたことで、教師は教え子に体罰してはいけないということを一般国民のあまねくすべてに情報として伝わることとなり、その結果、教師の指示・注意に対して居直ったり、煽ったりする児童生徒もでてくるかもしれない。教育現場には、通常の指導では扱いきれない子供たちが一定

【国公私立】

①発生学校数

	発生学校数 A	学校数 B	発生率（A/B）
小学校	195 校　（258 校）	20,601 校　（20,852 校）	0.95%　（1.24%）
中学校	337 校　（410 校）	10,484 校　（10,557 校）	3.21%　（3.88%）
高等学校	270 校　（305 校）	5,039 校　（5,061 校）	5.36%　（6.03%）
中等教育学校	1 校　（6 校）	52 校　（51 校）	1.92%　（11.76%）
特別支援学校	20 校　（28 校）	1,114 校　（1,096 校）	1.80%　（2.55%）
合計	823 校　(1,007 校)	37,290 校　(37,617 校)	2.21%　（2.68%）

注　発生率は、体罰の発生学校数を学校数で割ったもの。学校数は、学校基本調査による。

図7-3　体罰の状況

数存在する。そうした子供たちに対して、体罰という方途は閉ざされているし、閉ざされていることを彼らも「知っている」。こうした現実とむきあわなければならない教師にはじつに多難な時代だといえよう。

（2）学級がうまく機能しない状況（学級崩壊）

　一般に、さまざまな事情から教室の秩序が乱れ授業が正常に成りたたない状況を「学級崩壊」という。授業中に児童生徒が立ち歩きをしたり、私語を止めなかったりといった現象が、1990年代後半から多数報告されてきた。戦前から戦後にかけての長い間、「学級崩壊」というような、教師の権威が失墜してしまう現象は表だって問題化するほどではなかったため、この現象は現代的な教育問題のひとつであるといえるだろう。教師がいったん、担任するクラスの統治権を失えば、教室内は無政府状態になる。授業は成立しなくなり、教師が職務を遂行できないというよりは、教育を受ける権利を子供たちが行使できないことのほうがより深刻だといえる。なぜ「学級崩壊」のような現象が起こると考えられているのか、以下の資料に沿って解説しよう。

　学級経営研究会の報告「学級経営をめぐる問題の現状とその対応——関係者間の信頼と連携による魅力ある学級づくり」（平成12（2000）年3月）の中で、「学級崩壊」は「学級がうまく機能しない状況」という用語に置きかえられ、「子どもたちが教室内で勝手な行動をして教師の指導に従わず、授業が成立しない、など、集団教育という学校の機能が成立しない学級の状態が一定期間継続し、学級担任による通常の手法では問題解決ができない状態に立ち至っている場合」と定義づけられた。

　「学級がうまく機能しない状況」と呼称を変更した理由は、この問題を「学級崩壊」という名称でくくろうとすると、「全面的に教師に責任がある」という印象を与えるからである。「学級崩壊」、すなわち「学級がうまく機能しない状況」は、かならずしも教師の指導力のなさが原因となって引き起こされているわけではない。これは意外に感じるかもしれないが、現場で指導力があると慕われている教師の下でも「学級がうまく機能しない状況」が起こることがあ

る。

　同報告では次のように説明される。「学級がうまく機能しない状況」は、「ある一つの『原因』によって『結果』が生まれるかのような単純な対応関係ではない。複合的な要因が積み重なって起こる。また、問題解決のための特効薬はなく、複合している諸要因に一つ一つ丁寧に対処していかなければならない」。この点が、「学級がうまく機能しない状況」の解決の難しさをまさに物語っている。なぜならば、「学級がうまく機能しない状況」の発生に関して複合的な要因が前提とされるということは、それの解決の方途が少数の策に限定されていないということを意味しているからである。

　それでは、内実を詳しくみていこう。「学級がうまく機能しない状況」が生じる背景には、① 学級担任の状況、学校の状況、② 子供の生活、人間関係の変化、③ 家庭・地域社会の教育力の低下、④ 現代社会の問題状況と教育課題、の4点がある。同報告では、「学級がうまく機能しない状況」の背景に少なからず学校以外の事象を考慮していることになる。つまりここには、社会の変化（家族形態の変化、日本人の人付き合いの変貌など）が見据えられていて、その変化の末端に学校の教室も位置しているという文脈が読みとれる。こうした文脈は、私たちにとっては耳なじみのある理屈ではあるが、逆にいえば、この文脈を知ったところで何の解決にもいたらないということには違いはなさそうである。

　次に、「学級がうまく機能しない状況」の直接的な要因としては、① 子供の集団生活や人間関係の未熟さの問題、② 特別な教育的配慮や支援を必要とする子供への対応の問題、③ 学級担任の指導力不足の問題、の3点が指摘されている。ここでは教師の側の問題について考えてみよう。「③ 学級担任の指導力不足の問題」についてだが、この場合の「指導力不足」とは、頼りないという意味での指導力不足かもしれないし、子供の気持ちを無視して独断的であるという意味で指導力不足かもしれない。かりに頼りない教師であったとしても、たまたま同じクラスに居合わせることになった子供たちが協力的・親交的な傾向にあれば、教師を支える形で学級経営はなんとか果たされるだろうし、一方、

第7章　生徒指導上の諸問題と教員の現在

独断的な教師が威圧的で反抗すらできないと子供たちがあきらめるなら、結果的には学級崩壊は同様に回避される。

　昭和時代のある時期までは、ほとんどの子供たちは、教師に対する尊敬めいたものを、漠然としてではあるが感じていたはずである。子供たちの尊敬を集められた理由は、「教師として何をするのか」よりも「教師であること自体」のほうが重要視されていたからではなかろうか。たとえば、大正時代の田園風景の中、背広を着て学校に出勤する教師がいれば、もしくはバイオリンケースをもって歩いている教師がいれば、子供たちにとってはそれだけで「すごいこと」だったにちがいない。しかし、教師に対する盲目的尊敬は、今、確実に変容しているのである。今や子供たちは、教師の力量を冷静に見積もっている。この教師は信頼に値するのか、従う価値のある人物なのか。子供たちを「従わせる」という教師の権力はもはや低下している。皮肉に思えるのは、こうした実情がこれまでの日本で行われてきた教育の産物かもしれないということである。日本の学校では一般道徳として「人は外見や肩書きではなく、中身が重要だ」と教えてきたのではなかろうか。

　また、教師が尊敬を失いつつある要因を、教師にとって要である授業方法、内容に求めることもできる。ただ単に教育を効果的に受けるという観点からみれば、学校の授業よりテレビの教養番組のほうがより刺激的で、かつ圧倒的に面白いはずである。もし学校の授業が教師主導であり、かつテレビで放映されている内容よりも面白くなければ、学習へのモチベーションが乏しくなることを回避できまい。そして、こうした授業への不満が顕在化し、学級崩壊への礎になる危険性はおおいにあるだろう。テレビ番組の魅力に学級担任が1人で張り合っても勝てるはずがないとあきらめないでほしい。こうした不利さは、本来的には、問題にすらならないはずなのである。なぜならば、テレビは向こう側から一方的に働きかけてくるだけだからである。だとしたら、教師が授業の方法においてめざす方向もおのずとみえてくるはずだ。

　最後に、「学級がうまく機能しない状況」のその他の要因についても触れておこう。学校と保護者との関係がきっかけで「学級がうまく機能しない状況」

にいたる事例もある。たとえば、保護者が「学校の先生よりお父さんのほうがいい大学をでているんだよ」などと、家庭で教師を見下すような言動を日常的にした結果、一部の子供が教師の命令や指導を軽視し、そこからクラス全体に負の影響が拡大する場合もある。また、いわゆる「小1プロブレム」も「学級がうまく機能しない状況」の典型として数え入れられている。その小学校に入学してくる子供たちのうち大多数が所属していた幼稚園や保育園の方針が、ほとんど就学前教育に熱心でなかった場合、とてもではないが45分間の授業にすぐになじめるような状態にはならない。この場合、小学校と幼稚園、保育園との接続が大きな課題としてあげられる。

3 教員の向き合う環境——保護者対応と部活動

（1）保護者対応の現在

モンスターペアレントという言葉がある。テレビドラマでも取り上げられたこの言葉は、近年、教育現場では頻繁に使用されるようになってきた。教師たちは自嘲気味に、モンスターペアレントに絡まれた、と自分の不運を呪うとしても、モンスターペアレント自体には明確な定義が存在するわけではない。モンスターペアレントに関する多くの情報を集約し、単純化すると、「学校に対して理不尽な要求をしてくる保護者」となるだろう。

したがって、モンスターペアレントとは、クレーマーという側面をもつことがわかるだろう。この用語は興味本位で取り上げられることも多いが、クレーマーという観点から見直すと、決して学校現場だけで起きている現象ではないということに気づかされる。アメリカほどではないが、日本でも、消費者が購入した物品に対して過度な言いがかりをつけ、自分たちに有利な状況を作りだしたり、裁判沙汰になったりすることも増えている。モンスターペアレントという用語が流行りはじめた時期と、クレーマーによる過度な物言いが増えてきた時期とは、ほぼ同時期だといえるだろう。

さて、教師にとっては、モンスターペアレントと聞くと頭の痛い問題ではあ

るが、事の本質はそこだけにあるのではない。つまり、この問題を特異な、非日常の事柄としてたかをくくるのではなく、もっと広い視野を持って「保護者対応」という意識で受け取るべきである。教師は、常日頃から家庭の保護者と連携しつつ、子供たちの教育に専心している。保護者の中には、一定数、モンスターペアレントのような人がいるかもしれないし、実際に出会うとそのインパクトからどこにでもいるような印象を聞き手に与えてしまうかもしれないが、あくまでも少数にすぎない。

　以下では、「保護者とのかかわりハンドブック―保護者との適切なかかわりのために」（平成20年度、大阪府教育センター）を手引きにして、教育現場において行うべき保護者対応について説明していく。

　まず、同ハンドブックでは、教師が保護者から寄せられる相談に対してどのように対応すべきかという点が示されている。保護者とのかかわりの基本として、「傾聴・共感・整理」がキーワードとして述べられ、彼らの気持ちを受け止めることが重要視されている。その際、受け止めることに専念しすぎて、「あたたかさ」が欠けているようにみられてしまうことのリスクについても指摘されている。そして、保護者との話し合いの中で課題が明らかになれば、「いつまでに何をするのか」をはっきりと返答し、記録を残すことが推奨される。保護者から不信感を抱かれる行動として、即時性に欠けること、軽く受け止めてしまうこと、頼りなく感じさせる発言などが挙げられている。

　以上のことは、教職課程の必修科目の中で実践的な演習が、現状、行われていないかもしれない。したがって、教職を目指す学生は、こうしたスキルを大学の授業で身につけるというのは難しいだろう。教師として教壇に立つ1年目から、保護者対応は職務として行わなければならない重要な仕事のひとつである。保護者参観、家庭訪問、学校行事の参加、進路相談など、学校と家庭の連携を重視する昨今、保護者と教師のこのような関わりが希薄な学校などありえない。ということは、学生生活を送りつつ同時に学校以外のどこかでこのスキルを身につけるか、教師として就職してから同時進行で身につけるかのいずれかでまかなう以外にない。

次に、同ハンドブックでは、保護者から寄せられる苦情や要求に対してどのように対応するべきかが示される。この場合、相談のときと大きく異なるのは、保護者がすでに怒り、不信感、要求の答えを持っているということだとされる。基本的には、相談の際と同様に「傾聴・共感・整理」をもって対応するが、極端な場合、うまく話が進まず立ち往生することも考えられる。その際には、教員個人としての対応から、学校として、組織としての対応という次の策が講じられることになる。教員1人で抱え込むと問題が深刻化するケースが多い。組織で対応する場合、学校側の発言に一貫性がない場合、不信感をもたれる原因となるので、事前の詳細な連携が前提となる。

　ここでは、ある程度、モンスターペアレントのような極端な事例が想定されている。現場レベルで考えれば、こうしたクレーマー気質の厄介な相手に対しては、原則として、数をもって対応するという方策が重視されることになる。教員チームでむきあうべき問題は、日常的な教員間の連携や相互理解を土台にしなければならない。こうしたチームワークや仲間との連携は、学生時代に部活動などである程度経験することは可能ではあるが、クレーマーのような相手と折衝する経験をもつ若者は少ないだろう。これもまた教職に就いてから磨かなければならないスキルということになる。

　最後に、同ハンドブックでは、指導を必要とする子供の保護者に対してどのように対応するべきかが示される。前述の2つに対して、より対応の状況が限定され、より実践的なマニュアルとなっている。ここでは、保護者の不安感、不信感を解消する言葉がけや正確な事実の報告、協力の依頼が必要だとされる。逆に控えるべきだとされるのは、子供が起こしたことに対して謝罪を要求することや家庭教育批判などである。

　教育現場で起きていることには時代性がある。それらは10年20年のスパンで内容が大きく変化することもある。体罰問題しかり、学級崩壊の問題しかりであるが、教育相談に代表される保護者対応も、時代の流れに合わせ、世間の要求に柔軟に応えなければ、このさき教職でうまくやっていくことは難しいといえそうだ。自分の担任する児童生徒が決定的に間違ったことをしても、保護

者と応対するときには、「傾聴・共感・整理」が基本となる。この順番に違和感をもつ人は、現場にでるのがまだ早いのかもしれない。

　なお、同ハンドブックには「カウンセリング」を生かした話の聴き方が次のように示されている。

- 「うなずき」……聴いていることと共感を伝える（相談者のテンポに合わせて）。
- 「共感」……信頼感や安心感につながる。「それは大変でしたね」「それはつらいですね」。
- 「くりかえし」……理解していることが伝わる。特に感情の部分（「つらい」「腹が立つ」等）を中心にくりかえして返す。
- 「受容」……受け入れる、ほめる。「よくがんばりましたね」「ありがたいことです」。

　これらの方法は、あくまでも要点を提示しただけのものなので、経験のない新任の教師が実践の場面でうまく使いこなせるかは未知数である。教師は、必ずしもカウンセリングの専門家であるということはないが、それでもある程度こうしたスキルを身につけておくことは重要である。たとえば、「くりかえし」の手法は相手が感情としてもっているものをこちら側で推しはかって「くりかえす」わけだから、そもそも「くりかえし」の手法を知っていても、相手の感情を見誤ってしまえば、まったく意味がないどころか、逆効果になる場合もでてくる。また、「受容」にしても、タイミングを早まってしまい、相手が十分に感情を吐きだしていないのに、「よくがんばりましたね」と言ったところで、相手の感情として「まだがんばった部分を話しきれていないのに」となれば、効果は半減である。つまり、これらのカウンセリングの聞き方の要点の背後には、教師として以上に、人としての他人へのむきあい方という地平が広がっていることになる。

　さて、近年、モンスターペアレントなどへの特別な保護者対応は、１人の教

員が背負いこむのではなく、学校全体で取り組む必要性が強調されている。これは、学校がこうした複雑化・多様化した課題を解決するために、「チームとしての学校」という視点が大切であることを示している。今後も、学校は教員だけでなく、心理や福祉等の専門スタッフ等と連携・分担する体制を整備し、学校の機能を強化することが欠かせない。

(2) 部活動の現在

中学校に進学すると（小学校から始まる地域もあるが）、日本人の大半の生徒は部活動を始める。部活動には必ず顧問がつく。たいていの場合、顧問はその学校の教員が担当する。部活動の種類が多ければ多いほど、顧問に充てる人数も必要になる。私たちの中学校時代を振りかえってみれば、そこには情熱の差こそあれ、必ず顧問の存在があったはずである。

そもそも部活動とは何なのか。部活動は時間割に正式には規定されていなかったであろうし、単位数も充てられていない。学校によっては、教員ではない者が指導者として招聘されるケースすらある。そこで、中学校学習指導要領（平成29（2017）年3月）の規定を確認しておきたい。

　ウ　教育課程外の学校教育活動と教育課程の関連が図られるように留意するものとする。とくに、生徒の自主的、自発的な参加により行われる部活動については、スポーツや文化、科学等に親しませ、学習意欲の向上や責任感、連帯感の涵養等、学校教育が目指す資質・能力の育成に資するものであり、学校教育の一環として、教育課程との関連が図られるよう留意すること。その際、学校や地域の実態に応じ、地域の人々の協力、社会教育施設や社会教育関係団体等の各種団体との連携などの運営上の工夫を行い、持続可能な運営体制が整えられるようにするものとする。（下線は筆者）（第1章 総則　第5　学校運営上の留意事項　1　教育課程の改善と学校評価、教育課程外の活動との連携等）

学習指導要領によれば、部活動とは「教育課程外の学校教育活動」である。したがって、原則的には学校の全体計画である教育課程の範囲外にある活動なのだが、完全に孤立して疎外されているということではなく、教育課程と部活動は「関連が図られる」ようにしなければならない。また、「生徒の自主的、自発的な参加」を前提とする部活動だが、学校によっては有形無形の力が働いて「全員参加」の形をとることがままある。

　教師にとって、部活動の顧問として関わることは、学級における学習の様子以外のところで得られる生徒理解を獲得する機会になる。生徒たちの見せる個性を、教育現場のさまざまな局面で見定めることは教師にとって大切な仕事のひとつである。したがって、部活動の顧問を務めることは生徒の未知の可能性を知ることにつながるかもしれない。また、教師として部活動に関わり、学習指導の指導力だけでなく、集団を率いてまとめる指導力など、通常の業務では鍛錬しにくいスキルを補完できる可能性もある。指導力の幅を広げるという意味でも効果的かもしれない。

　とはいえ、現代の教師にとって、部活動は頭の痛い問題でもある。まず、時間的な拘束がある。教師の仕事は、夕方に授業が終われば、翌日の授業準備や小テストの採点、報告書の作成などの事務仕事にシフトチェンジするが、部活動の指導が間に挟まると、一気に過密スケジュールとなる。放課後だけでなく、土日祝日、長期休暇に部活動の指導で出勤せざるをえないこともある。これは一時期、教員の多忙化の要因であると指摘されたところでもある。

　時間の問題だけではない。つぎに、教師の専門とのミスマッチも大きな課題である。部活動は各学校において、多くの種類が設定されている。学校の敷地面積や設備によっても異なるが、運動部でいえば、人気のあるものは一通りそろっているだろう。ただし、たとえば野球部の顧問に野球未経験者が就くケースがある。未経験であるからたいした練習指導はできない。教師としても、人が足りないから充てられただけなので、内心は困惑することだろう。このとき問題なのは、教員が不遇であるという点のみならず、生徒が被る不利益である。公立学校に進学する場合、原則的にどの学校に進学するか決められないわけだ

から、たまたま自分の居住区にある学校に進学した結果、部活動の指導をろくに受けられないという事態が発生する。一方では、熱心な経験者である部活動の顧問がいる学校に進学できれば、その後の3年間は充実した練習ができることになるだろう。これを不平等といわずになんと呼べばよいのだろうか？

　教師の職務の中で、部活動ほど極端な利点欠点をもつ仕事はないだろう。現状では、教員として公立学校に就職する以上は、部活動の仕事は必ずついてくると覚悟をもっておくのがよいだろう。

＊　　　　＊　　　　＊

　この章では、「いじめ」「不登校」「体罰」「学級崩壊」「保護者対応」「部活動」というテーマを一挙に概観してきた。どのテーマも、現場レベルでは深刻な問題であり、自分がその問題に対峙しなければならなくなったとき、その現実の重さに教職としての責任を実感するのではないだろうか。本論でも述べた通り、教育的な営みには時代性がともなう。今日的な意味で適切な、効果のある、教育現場における方策が、しばらく経てばまったく役に立たないこともあるかもしれない。私たちは時代とともに生き、時代によって困難に立たされる。教師という仕事が、そうした時代性に集約されているという意識を抱いて職務に取り組むと、なにがしかの気持ち的なゆとりが生じて、解決に向けた視界が開けることもあるかもしれない。

●課題
Q1．いじめの定義をふまえたうえで、いじめが学校においてなくならない理由について考えてみよう。
Q2．体罰が禁止されている理由を、教師としてどのように考えるかまとめてみよう。

> Q3．部活動で指導を受ける側から、指導する側へと立場が変わるにあたって、部活動とどのように関わっていきたいかまとめてみよう。

●参考文献
学級経営研究会（2000）「学級経営をめぐる問題の現状とその対応――関係者間の信頼と連携による魅力ある学級づくり」
文部科学省（2003）「問題行動を起こす児童生徒に対する指導について（通知）」
不登校問題に関する調査研究協力者会議（2003）「今後の不登校への対応の在り方について（報告）」
文部科学省（2010）『生徒指導提要』
文部科学省（2017）「平成28年度 児童生徒の問題行動等生徒指導上の諸問題に関する調査」

第8章 「教育を必要とする子供」の現実

　ここまでの各章で、西洋の近代において子供を教育することに対する意識が自覚的にめばえ（第1章）、それらを受けて今日的な機能をもった学校が誕生・発展し（第2章）、その流れでわが国の学校教育も着実に形づくられてきた（第3〜6章）、といった歴史を振り返ってきた。

　もちろんわが国においては、学校教育が子供の人間形成の相当な部分を占めることで生じた問題もけっして少なくなかった（第7章）。とはいえ、戦後の教育改革の流れからすると、それらの問題は学校を中心とした教育の「制度」や「方法」の改良で解決できるとみなされてきたのだろう。だからこそ今日の学校教育には、以前とはちがった新たな教育課題の達成が期待されているともいえる。つまり、これまでの私たちの社会では、教育や学校自体が基本的には「よいもの」であることは自明視されていたし、子供たちはそうした教育を受けなければ、この社会で生き抜く力を十分にもつことができない存在である、つまり子供は「ホモ・エドゥカンドゥス」であると考えられてきたようである。

　だが、ここであえて次のような問いをたててみよう。「未成熟な子供」は、学校教育を中心とした教育を受けないと「一人前の大人」になることができないのだろうか。反対に、適切な学校教育を受ければ、子供たちはみな大人たちが期待するような立派な人間になれるのだろうか。

　この章では、学校教育という営みがもつ実際的な意味と可能性を論じるための基盤を求めて、子供の人間形成が歩むはずの現実的なプロセスを考えてみる。具体的には、現代日本のような学校教育のシステムがない時代や文化での子供たちの人間形成がどうであったか、人間形成の基盤となる学び（学習）が人間形成にとって実際にどのような意味をもつのか、そして現代の学校教育の中でも起こっている人間形成がどのようなものでありうるのかについて探る。

1　さまざまな人間形成

　第5章までで検討してきたように、日本の子供たちが今日的な意味での学校教育に関わるようになったのは、ここ百数十年のことにすぎない。世界史上で教育の牽引役を務めてきた欧米の社会でも、一部の例外を除けば、せいぜい200年ほどの歴史が認められるだけである。そればかりか21世紀に入ってからも、諸事情により満足な初等教育すら整備されていない国や地域が、地球上にまだ多数あることも事実である。

　こうした歴史的な事情からは、次のような疑問が生じる。つまり、もし「未成熟な子供」が「一人前の大人」になるために教育が必要だとすれば、満足な教育がなかったかつての日本や欧米では、子供たちは「一人前の大人」になっていなかったのだろうか？　あるいは、今も子供たちが十分な教育を受けられない世界の国々には、「一人前の大人」がいないのだろうか？　個人差を考慮するならば、もちろんそんなことはなかっただろうし、現在もそうではないと答えるべきだろう。

　しかしこれまで、人間のこうした歴史を一部ふまえながらも、一人前の大人へと人間形成するためには、子供には教育が必要であると主張されてきた。以下では、その論理に対する反証となる事例をいくつかあげ、「教育を必要とする」と見なされてきた子供の現実を検討してみよう。

（1）教育のない時代

　これまでの教育史の研究は、子供にとっての教育が必要になった原因を、人類の文化が高度化したことに求めることもあった。では、こうした見方は実際に正しいといえるのだろうか。中世ヨーロッパにおける子供たちの人間形成の様子に、その回答を読みとってみたい。

　フランスの歴史家アリエス（1914-84）は、西欧近代におけるいわゆる「〈子供〉の発見」という出来事を描きだした。つまり、大人とはちがった独自の存在価値をもつ子供という認識自体が、ルソーに代表される近代思想の産物にす

第 8 章　「教育を必要とする子供」の現実

ぎないというのである（第 1 章を参照）。

　もちろん中世ヨーロッパの時代でも、乳幼児期の子供は現在と変わらず未成熟であり、とくにその身体的な成長に際して周囲の人々に全面的に依存していた。ただそれは、大人が養育ないしは保育、あるいは安全の確保というレベルで対処する範囲でのことであった。子供がその時期を乗り切って、身の回りの処置が自分でひととおりこなせるようになるおおよそ 7 歳にも達すれば、その子はすぐさま「小さい大人」とみなされるようになったという。

　「小さい大人」としての子供は、衣食も、労働も、遊びも大人と一緒、両者でちがうのは身体的なサイズとその相対的な能力だけだった。こうして「子供扱い」されなかった子供には、自分の行動に対して大人とまったく同じ責任が求められた。だがそれと同時に、自分で自由に行動する権利も、やはり大人と同様に認められていたようである。つまり現代の子供のように、子供ならではの特別の保護を受けなかった一方で、子供だからといって許されるような特権が与えられることもなかった。

　こうした「子供＝小さい大人」観には、幼児洗礼により人間の完成を認めるキリスト教という思想的背景もあった。ただ社会システムの面からみても、このような子供理解には実質的に大きな問題がなかったのだろう。中世ヨーロッパの社会は、子供に対して教育による学習とそれをふまえた人間形成を要求することはなかったが、それでも実際に数十世代もの間、相対的に安定を保っていたのである。

　また、歴史は進歩するものであるという見方からすれば、子供と教育に対する無関心という事実には、たしかに当時の文化自体の未成熟さが指摘されるかもしれない。だがそのヨーロッパ中世の文化には、ギリシアやローマの古代文化が先行していた。それらの文化では、教育の概念がある程度認められ、また実際に営まれていたこともわかっている（第 1・2 章を参照）。

　この 2 つの事実をふまえると、アリエスが指摘するように、中世ヨーロッパでは古代人たちの教育をすっかり忘れ去っていたが、かといって教育の不備ないしは衰退が社会の混乱を引き起こし、その結果社会の立て直し・教育の復活

という歴史が自律的に展開したわけでもなかったことは明白である。つまり、当時の「小さい大人」は、子供としてことさらに「一人前の大人」へと教育されなくても自前でそれなりに人間形成していた。またそのように成長してきた大人は、当の社会集団の立派な一員であったにちがいない。それどころか、状況が許すのなら、大人による教育は、子供の人間形成にとって忘れ去られてもかまわない程度のものである、ということすらいえるのかもしれない。

（2）教育のない文化

さらに、現代において狩猟採集生活をおくる人々の社会もまた、教育の必要性を検討する際に大きな示唆を与えてくれる。以下では、学校教育どころか「教えること」すら認められない文化での人間形成の実際を検討してみよう。

文化人類学者の原ひろ子（1934-）は、カナダ北西部の狩猟採集民族「ヘヤー・インディアン」の生活を報告している（図8-1）。それによれば、現在からわずか50年ほど前のカナダですら、ヘヤー・インディアンの文化には教える―教えられるといった概念や、それに相当することばがなかったという。

世代間の文化伝達のプロセスに関心を抱いていた原は、ヘヤー・インディアンの人びとに、彼らが習得したスキルや知識について「どうやってそれをおぼえたの？」「誰に習ったの？」といった質問を投げかけた。ところが、彼らから返ってくる答えは、猟の仕方や第二言語の英語、皮のなめし方など、どのようなスキル・知識の習得についても「え？　自分でうまくなったんだよ」「そりゃ、自分でやってみるのさ」の一点張りだった。もちろん、彼らの日常的なコミュニケーションの中でも、スキルの巧拙などにつ

図8-1　ナイフを器用に使うヘヤー・インディアンの子供

いての批評はある。だがその批評から、「ここはこうしたほうがうまくいくよ」や、「では、どうすればいいの？」「こうすればいいよ」といった、教える―教えられるの関係に発展することはなかったということである。それにもかかわらず、ヘヤーの人々は当の文化に必要な知識やスキルを適切に習得し、定着させることができているのである。

　ただし、このような文化の背景には、ヘヤー・インディアン独自の宗教的な人間理解がある。彼らには、思春期のころまでにそれぞれの守護霊が現れ、行動に指示を与えると考えられているようである。だが、現実生活に必要なさまざまな知識やスキルについて、守護霊が実際にどこまで有効な指導者になりうるのかはわからない。やはり彼らにとっても、自分でやってみて身につけ、また他の人々の様子を観察してしっかりとおぼえ、そして一人前にまで人間形成するという過程がもっとも重要なのだろう。

　その証拠に、彼らヘヤー・インディアンの文化は、教える―教えられるといった関係なしにも、中途での断絶とまったく新たな創造を繰り返しているわけではない。人間らしい豊かな英知やスキルが蓄積され、またその成果が人間ならではの複雑な文化として確実に継承されているからこそ、厳しい自然の中にあっても適応的な生活が営まれつづけてきたと考えることができる。ここでもやはり、子供たちは教育を受けなくても着実に人間形成し、伝統的な文化を担いながらそれを修正していく「一人前の大人」になっているといわなければならない。

2　「学び」の機能と意味

　これらの事例からすると、私たちは次のことを認めなければならないだろう。つまり、他の哺乳動物等とも共通する養育の期間は不可欠だとしても、私たちの祖先の大多数において、また私たちと同時代のいくつかの文化において、人びとは教育なしにも十分に「一人前の大人」にまで人間形成してきたし、現に人間形成しているという事実である。それでは、私たち人間の世界において、

養育が必要な時期を終えた若い個体はどうやって「一人前」へと人間形成していくのだろうか。そのカギは、この世に生まれでた瞬間から起動する「学び (learning：学習)」の能力にあると考えられる。

（1）アニマル・ディスケンス（学ぶ動物）

　私たち人間は、特定の経験をもとに自身の行動を変えることや新しい行動を獲得することを意味する学習＝学びが得意な動物である。明確な自己意識がないような非常に幼い段階から言語や道具の使い方を学び、学校教育では現実世界と疎遠そうな知識や理論も学習する。それらの具体的な内容は生活している環境、つまりある文化をもった社会集団によって多様であるが、どんな文化的社会集団でも、学びによる知識やスキルの修得はあらゆる人間に認められるし、また求められるものである。ただし、学ぶ動物は人間だけではない。

　たとえば、「条件づけ」による学習は、かなり多様な動物に適用できる。スキナー（1904-90）はかつて、子供が学習すべき内容をスモール・ステップに分けて子供に提示し、学習目標の達成を段階的に図っていくという「プログラム学習」を提唱した。ただ、この学習理論のベースになった「オペラント条件づけ」による学習は、もとはといえばスキナーがハトを使った実験をもとに得た知見である。

　また、他の個体の行動を観察したり参照したりするだけで成立する「社会的学習」の理論はバンデューラ（1925-）によって確立されたが、こうしたタイプの学習も、複雑な行動をとる動物を中心に確認されている。よく知られているニホンザルのイモ洗い行動などは、こうした社会的学習の典型である。1頭のサルが起こした偶然の行動がモデルになり、群れ社会の多くのサルに同様の行動が広まっていったと考えられる。

　さらには、過去の経験を組み合わせて新たな行動を導く「洞察」の考え方も、類人猿の一部で確認された知見をもとにしている。ケーラー（1887-1967）は実験で、チンパンジーがその場に置かれている棒と箱を道具として、高いところにつるされたバナナを難なく手に入れる行動を見いだした。その場にあるモノ

を組み合わせて問題状況の解決を自力で図ろうとする洞察は、ある種の類人猿においては、質の高い学習の基盤として機能しているのだろう。

　以上から、多くの動物が、生活の中で経験を新たに獲得したりそれまでの経験を変容させたりしながら、与えられた環境に柔軟に適応していることがわかる。もちろん、型にはまった行動を特定の刺激に応じて自動的・機械的に発生させる「本能」は、たしかに生活上有効なツールのひとつである。しかしそれは、ときとしてもろさをみせることもある。相対的には安定しているようにみえて、実際にはそれなりの幅の変化を含む生活環境で生き抜くには、行動の柔軟性を保障する学習の能力が大きな意味をもつ。だから、学習によって新たな行動を獲得する、またそれまでの行動を変容させるといった問題解決機能は、進化のプロセスで多くの動物に確保されてきたのだろう。柔軟で汎用性の高い学習能力は、与えられた環境を動物として「生きる」ことに大きく関わっているのである。

　そして進化の途上では、私たちの祖先も特定の生活環境における学習の諸能力を獲得し、それをもとに生命をつないできたにちがいない。私たちの生命がいまここにあるということからすると、祖先たちは問題解決が必要な何らかの状況に直面して行動を自ら柔軟に変え、あるいは新たに獲得する学習行動を適切にとることで、自然的・社会的な環境をどうにかうまく生き抜いてきたと考えることができる。そうした生き方は、私たちの人間形成にとって、一種の本能として機能しているとすらいえるのかもしれない。

（2）ホモ・ディスケンス（学ぶヒト）

　もちろん人間の場合、たんに生物として生き抜けばよいというわけでもない。私たち人間には、さまざまな意味で「よく生きる」（ソクラテス）ことが課せられているのである。また、文化が蓄積され文明が発展すれば、そこには伝達されるべき複雑な知識やスキルが膨大なものになるかもしれない。だがそれでも、先行世代の人間がつくってきた文化に後続世代の人間がなじもうとする場合には、人間ならではの学習能力が発揮されれば十分だとも考えられる。逆に、そ

うした人間ならではの学習によって獲得することができないものは、文化として継承されにくいのだろう。

　では、人間ならではの学習能力とはどのようなものなのだろうか。「模倣（imitation）」による学習がそれであるといえそうである。日本語でいう「学習」の「学」、つまり「学ぶ」は「まねぶ（真似ぶ）」に、また「習」の「習う」は「ならふ（倣ふ）」に語源があるといわれる。少なくとも日本では古くから、人間ならではの学習とは、ある先達をモデルとしてそのまねをし、それにならった行動ができるようになることだという認識があったのだろう。

　模倣学習は、人間が人間らしい複雑で高度な文化的行動を学習する場合に真価を発揮していると考えられる。その模倣学習の特徴は、認知科学者のトマセロ（1950–）によれば、モデルとなる他者が実現をめざしている目標と、その目標を達成するための手段である行動方略の両者が、ともに適切に経験されることで成立する点にあるという。

　ある行動が学習される際、一方で実現すべき目標の理解が欠ければ、たんに身体的な動きを再現するだけになる。この場合、学習される行動の「意味」、つまりその行動によって実現されるべき価値ある目標が、他のものに換えられてしまうことも少なくない。人間以外の動物に見られる観察学習は、実際にはこうした次元にとどまっているといえる。いわゆる「猿真似」である。

　他方、目標の理解だけで行動の手続きが学習されないと、乱暴にゴールにむかうことになる。結果がよければ（そのときは）問題はないが、逆の場合には、「試行錯誤」というより単純な学習形態に陥りかねない。トマセロは、チンパンジーと人間の子供で実験をした結果、このような複雑な行動の成り立ちを要求する模倣学習は、人間だけに可能であると結論づけている。

　ここで、こうした模倣学習を人間だけに可能にする条件が何であるか、考えてみよう。それは、人間に特有の、他者を（自分と同じような）「心をもつ存在」とみなす傾向的な特性に求められそうである。この傾向はふつう、生後1年も経たない乳児期から徐々に、しかし着実に発達する。そしてさらに、他者が自分と同じように意図や信念、欲求や思考などを生む「心」をもっており、

他者の行動はその心にもとづいていると理解するようになる。現在のところ人間だけには、4〜5歳児にもなれば、通常はこうした特性が十分に発現することが認められている。

　私たち人間は、他者を意図や欲求、信念といった心をもつ存在とみなす傾向にもとづき、またその他者の心を読もうとする能力によって、他者の行動を自分のものとして取り込むことができる。つまり、他者の複雑な行動を観察しながら、そこにかいまみえる他者の意図（目標）と、それを実現するための行動の手続き（手段）を、特定の意味をもつひとつのまとまりとして理解し、その行動のまとまりを自分で再現することができると考えられる。これが人間において独自に獲得された、模倣による学習のプロセスである。

3　学びと人間形成

　それでは、人間に特有の複雑で高度な模倣学習は、そもそも何に役立っているのだろうか。学びという機能が一般に、変化を含む生活環境を生き抜く問題解決能力の獲得を意味するならば、人間も格段に複雑で高度な模倣学習などに依存しないで、他の動物と同様のもっとシンプルな学習だけでうまくやっていけないのだろうか。

　この問いに答えようとするとき、私たちは、人間ならではの学びがもつ奥深さ、人間らしいあり方・生き方に直結した学びの意味を見いだすことになるだろう。

（1）正統的周辺参加を通した模倣学習と人間形成

　模倣学習はどうやら、たんに問題解決上必要となる知識やスキルを獲得したり実現したりするためだけにあるのではなさそうである。それらの目に見えやすい成果物といっしょに、モデルとなる仲間の行動のしかた、つまり社会集団のメンバーに共有されるとともに、世代を通して継承されていく文化をも学び、倣い、そして仲間として共有するように働いているのかもしれない。このこと

を示唆するのが、人類学者レイヴ（1939-）らによる学習の「正統的周辺参加」論である（図8-2）。

レイヴらは、アフリカ・リベリアの仕立屋の社会を観察し、若い世代が何らかの領域において「一人前」になっていく過程を検討した。その結果レイヴらは、そうした過程に、ある社会集団がもつ特定の文化的な状況に応じた、いわゆる「状況論的な学習」が深く関わっていることを見いだした。

図8-2　正統的周辺参加の概念図

仕立屋という世界において、立派なスキルや知識をそなえる親方（十全的実践者）の仕事は、あくまでも仕立屋の業務に直結することだけである。だから親方は、一人前をめざす新参者の徒弟に対して、現在の学校教育と同じように体系的・効率的に何かを教えるということはない。にもかかわらず徒弟の多くは、仕立屋の社会集団において、その仕立屋ならではの特有の文化的な状況に適応した一人前へと成長していたのである。

つまり正統的周辺参加とは、ある文化をもった社会集団に未成熟な新参者が周辺から参加していく中で、当の社会集団の文化的状況において意味のあるスキルや知識をしだいに習得していく、人間形成のプロセスを表す。そしてその学びのメインが、当の文化的な社会集団における、十全的実践者を中心とする仲間の行動様式を模倣学習することなのである。

だから新参者が正統的に周辺参加をしていく際に意味あるとされるスキルや知識は、洋服の仕立てといった特定の業務の遂行上不可欠なものばかりではない。仕立屋の社会集団に属するメンバーに特有の話し方や服装、ものの見方・考え方、あるいは自分たちを取り巻く社会の構造と自分たちの立ち位置などの、一見すると業務とは直接には無関係そうな行動様式や世界観もまた、模倣学習の重要な内容になる。新参者は、こうしたかたちでの模倣学習を継続的になす

ことによってはじめて、当の社会集団に特有の文化もまた受け継いでいく。そして彼らは同時に、周辺から参加しながら模倣学習を蓄積することにより、仕立屋という社会集団の中で特定の役割を担う「一人前」のメンバーにまで人間形成してもいるのである。

もちろん、子供にとっての生活環境が仕立屋とは別の社会集団であれば、仕立屋の場合とは別の文化的な諸要素の習得が必要とされる。その場合、そこで生きていくべき子供の人間形成は、仕立屋の世界でのそれとは別物になりうる。子供は、社会的・文化的な生活環境という「状況」に応じてそれなりに模倣学習し、そうした学びを通じて「一人前の大人」にまで人間形成しているのだろう。ただし、だからこそ、子供たちの人間形成は大人の意のままにはならないことが多いのである。

（2）子供なりの学びと人間形成

心理学者ハリス（1938–）は、膨大な先行研究の検討を通じて、家庭での子育てに関する従来型の素朴な因果論に強く異議を唱えた。つまり、親が望むような特定の文化にもとづいた、あるいはそれをめざすような子育てを適切に行えば、子供の行動や性格傾向の形成はそれに応じてかならずうまくいくし、その逆もまたしかりとする考え方である。しかしハリスによれば、現代の文明社会において、家庭での子育てが子供の人間形成に対してもつ意味は、実際のところきわめて限定的であるという。では、なぜ子育ては親の思いどおりにならないことが多いのだろうか。ハリスはこの問いに対して、学齢期以降の子供が仲間の子供たちと共有する「仲間集団」の機能に注目し、回答する。

つまり、子供が一人前を目指して人間形成していく中心的な場面は、もっぱら家庭の外に広がっている仲間集団にこそあるという。子供は20歳代の前半にかけて、ある特定の社会集団への帰属を強く自覚しつつ、その集団の仲間として、さしあたりは新参者の立場で周辺から参加していく。そして当の社会集団ならではの行動様式や話し方、服装、ものの見方など、ようするにその社会集団がもつ文化的な要素を、年長者たちをモデルとして学習しながら、そこで

のメンバーとしてふさわしい存在となっていくらしいのである。このことはまさしく、人間ならではの模倣学習の能力が、特定の文化をもつ社会集団の中で存分に発揮された結果であるにちがいない。

だがそのように子供に習得される文化は、親をはじめとする大人たちが与えたいものや望むものではない可能性も高い。現代日本のように社会的な環境が肥大化し、その中に多様な社会集団が重なり合って存在している場合、子供にどの社会集団の文化が学習されるかは、基本的にはその子自身の問題なのである。つまり、ある子供がその中で自分なりに一人前としてやっていこうとする社会集団としてどの集団を選ぶかによって、その子に学ばれる文化は変わってくるということである。そしてこの選定には、その子にとってどの社会集団の文化がもっとも魅力あるものと認識されているかという、子供の主体的な性格・行動傾向が深く関わっているようである。子供もまた一定程度以上は自律的な行為主体であるのだから、その子自身が帰属を欲する社会集団や獲得をめざす文化がどのようなものであるかについて、家庭の大人がコントロールすることには限界があるのである。

子供が成長して「一人前」として生活していくべき社会集団は、たいていは大人によって主導的に営まれる家庭の外にある。子供は、その子にとって魅力的であり、ときに厳しさもあわせもつなんらかの社会集団とその文化という「状況」をしっかりふまえながら、その子なりに一人前の存在にまで人間形成していかなければならない。そのためにも、当の状況で必要なことを、モデルとなる周囲の人たちから自律的に、積極的に学んでいるのだろう。すべての子供たちには、生きる上で大切なこうしたことが、生まれながらによくわかっているかのようである。

そして以上のことは、学校教育においても同様にいえそうである。

4　学校における子供の学び

教育学者ジャクソン (1929–2015) は、「隠れたカリキュラム (ヒドゥン・カリ

キュラム)」という言葉を使い、子供たちが学校生活の中で、公式ないしはフォーマルに伝達される知識・スキル以外の多くのことを学んでいる現実を指摘した。学校で正規のカリキュラムにもとづき、大人(教師)がどれだけ優れた教育活動をしたとしても、大人が期待し望むような学びが、その意図通りに子供たちに実現するとはかぎらない。それどころか子供たちは学校生活の中で、非公式でインフォーマルかもしれないが、その子にとっては大切な、多様な知識やスキルを学んでいるのかもしれない。学校という場には実際のところ、そうした学びを促すような隠れたカリキュラムがあるようである。

つまり、子供が一定程度以上は自律的な主体性をもつ存在であるなら、学校という社会集団での生活においても、学ぶべきことはその子なりに学んでいく。その一方で、学校として、教師として、大人として期待し望むような学びが、学校教育を通じてその子になされるかどうかはわからないのである。

(1) 隠れたカリキュラムにおける人間形成

前節の(1)で紹介したレイヴは、アメリカの高等学校で行われたある授業改善の驚くべき成果について述べたことがある。若く意欲ある教師カーロックは、知識の一方的な教授といった化学の授業を封印し、その代わりに生徒たちを、化学の学習者による正統的周辺参加型の「共同体」に仕立てあげた。カーロックの指導に応じて、生徒たちは化学の実験室を主体的な社会組織へと作りあげ、実験室とクラスでの勉強を自分たちで共働的に発展させ、また生徒のうちで化学を得意とするチューターがクラスの仲間の学びを引っ張ることになった。当のクラスの生徒たちは一丸となって、化学学習者の共同体という「状況」にひたりながら、自らに期待される学びを自律的に行ったのである。

カーロックがごくふつうの生徒たちに化学を熱心に学ばせることができた結果、そのクラスの生徒たちは全国学力テストで何年もの間記録的なスコアをつづけたという。その秘訣が、レイヴのいう状況論的な学習を、化学学習への正統的周辺参加のかたちで実現したことにあったのもまちがいないだろう。

ただ、化学学習者の共同体で意欲的に学んだ生徒たちには、実際どのような

帰結がもたらされたのだろうか。レイヴによれば、生徒たちはその後、やはり化学に対する格別の興味をもった大人になったという。しかし彼らはそれとともに、ジェンダーや人種、社会階層に関する知識やものの見方を身につけた大人になったのである。つまり化学学習者の共同体の生徒たちは、カーロックによるフォーマルなカリキュラムにより、化学の知識やスキル、また化学に対する関心を状況論的に学び、自分のものとした。だが、生徒たちの学びは実際には幅広いもので、カーロックや学校教育が一般に期待するレベルにはとどまらなかったのである。

　子供たちは学校のクラスという社会集団の中で、教科学習の場面であっても、他の子供が担っているさまざまな文化的な要素、つまり行動様式や話し方、服装、ものの見方などに触れることになる。とくに、小さなグループでの自律的な討論を中心とした「バズ学習」のような、小集団での学習においてはなおさらである。カーロックの生徒たちはそうした学習を通じて、化学のフォーマルな知識・スキルだけではなく、自分が属している仲間集団の文化と親和性の高い文化や、あるいはまったく異質の文化にも、インフォーマルなかたちで直面したであろう。それは、クラスの多様な背景をもった生徒が知らず識らずのうちに身につけている文化であり、そうした文化のさまざまな要素が、集団での学習場面でときに現れているはずである。そしてカーロックの化学のクラスでも、生徒たちのジェンダーや人種、社会階層に関する知識やものの見方が、多様なかたちで現れていたのだろう。

　子供たちは、多様な人が多様な文化をもって生活している世の中を、学校のクラスという社会集団の中で状況論的に体験することになる。そして、自分がよって立つ文化・帰属を望む文化とそうでない文化とを明確に区別しながら、自分と自分が属する社会集団のアイデンティティを徐々に見いだしていく。認知科学者のブルーナー（1915-2016）はかつて、学習するべき法則や原理を学習者が自ら発見していく「発見学習」の重要性を説いたが、発見学習は実際のところ、子供たちにとっては幅広く実践されているようである。カーロックのクラスの場合、生徒たちの発見学習は化学の領域だけでなく、自分が生きていく

べき社会の構造に関しても、状況論的に、そしてインフォーマルなかたちでなされていたと考えられる。

　大人たちが積極的に教えていないのに、子供たちには自律的に学ばれることがある。しかもこのことは、学校教育のフォーマルなカリキュラムにもとづく学習の場面でも、あるいは知識・スキルによってはむしろそうした場面でこそ、ごく日常的に実現しているようである。これもまた、隠れたカリキュラムの重要な働きである。

（2）現代社会の子供の学びと人間形成

　近代化・産業化・情報化が進み、社会の構造がより複雑で高度になった現代社会においては、そもそも社会集団自体がきわめて多様であり、しかも重層的な構造をとっている。ひとりの子供が同時に、家庭の子供であり、地域社会の構成員であり、市町村民であり、学校の生徒であり、クラスのメンバーであり、その中の仲間集団の一員であり、部活動の部員であり、スポーツ少年団の団員であり、かつ日本国民であることが可能である。そしてそうした帰属する社会集団が、子供の発達や社会全体の変化とともに大きく変化することもある。数十人の「バンド」と呼ばれる社会集団の一員として一生を送る、伝統的な社会の子供の場合とは事情が異なるのである。

　それゆえ現代社会の子供たちには、基本的に、自分がその一員となりたい社会集団を幅広い選択肢から選び取り、そこへの帰属を自ら決定しなければならない機会がたいへん多い。たとえば、学校のクラスへの配属はランダムに行われるとしても、そのクラスメートの中で活発な子たちのグループに属するか、それとも落ち着いた子たちのグループに属するかを決めるのは、子供たち自身である。運動部に入るか文化部に入るか、どんな高校に進学するか、大学で何を学ぶか、どんな会社に入りたいか──。実は、現代社会の子供たちがそうした機会に行う選択は、自分が帰属したい、またそこで一人前と認められたい社会集団の選択なのかもしれない。

　それゆえ、子供たちの学びとそれによって得られるものは、子供たちのあい

だで多様になる。子供たちが、帰属する社会集団の多様な知識やスキルを、あるいはものの見方や価値観等の文化的要素を、大人たちからの教育的な働きかけなしに学んでいることはまちがいないのだが、その学びは人類史上かつてないほどに幅広いものになっているといえそうである。学ぶべきもの、学ばなくてもよいものをその子なりに適切に選択し、必要があれば積極的に学んでいくし、不要だと判断されれば学ばれることはない。近年わが国において指摘されている学校教育に関する「意欲格差社会」も、ほどほどの幸せな生活を送るためには、学校教育であえてあくせく学ぶ必要がないことを、そうした文化をもつ何らかの社会集団の仲間たちから学んだ結果なのかもしれない。

　そもそも学びという活動は、人間であれ他の動物であれ、与えられた生活環境をよりよく・よりうまく生き抜くための、問題解決に有効なツールである。したがって、現代の子供たちにおける主体的で状況論的な学びも、それぞれの子供に選ばれた社会集団での、日常的な生活を生き抜く中で真価を発揮しているはずである。そうして着実に人間形成している子供たちのすがたに、私たちは一種のたくましさを感じることもできそうである。

　子供たちは現代社会の片隅で、子供の人間形成に積極的に関わろうとする大人たちの奮闘をながめつつ、また適当に対応しながら、帰属する社会集団の文化に適応的であるような学びを日々自律的に積み重ね、人間形成を遂げているのかもしれない。場合によっては、大人たちの理想にかなうような子供、つまり「教育を必要とする子供」のふりをしながら、である。

　　　　　　　　＊　　　　　＊　　　　　＊

　もちろん、親や教師による教育が、大人の立場から子供に望まれる「よい」文化の学びを効果的に促進することもあるだろう。だがこの理想的な構図は、そうした教育の文化が、また教育する大人の文化的な諸要素が、子供自身にとって価値あるもの、魅力あるものとして自律的に受け入れられる場合に限定される。だとすると、学校教育の理念や内容や方法がいかに改革されたとして

も、その文化に込められる価値やよさが、教育の対象となる子供たちすべてに承認される可能性はきわめて低いといわざるをえない。

しかしここにいたって、私たちは重大な問題が残されていることに気づく。もし事実が上に述べたとおりだとすると、いったい私たち大人は子供たちに何を教育することができるだろうか、私たち大人による教育にはそもそもどんな意味があるのか、という問いである。次章では、教育という営みをより原理的な視点から検討することで、その答えの一端を探ってみたい。

●課題
Q1．これまでに習得した知識やスキルについて、①他の人（家族や教師、友人など）から教えられたからできるようになったもの、②教えられなくても（たぶん）できるようになったと思われるものを、それぞれあげてみよう。
Q2．学校教育においては、「学びの共同体」ということばが使われることがある。「学びの共同体」の概念が表すところを調べるとともに、それが期待どおりにはいかない理由を考えよう。

●参考文献
アリエス, P.（1980）『〈子供〉の誕生——アンシャン・レジーム期の子供と家族生活』杉山光信・杉山恵美子訳、みすず書房（原著1960年）
トマセロ, M.（2006）『心とことばの起源を探る——文化と認知』大堀壽夫・中澤恒子・西村義樹・本多啓訳、勁草書房（原著1999年）
原ひろ子（1989）『ヘヤー・インディアンとその世界』平凡社
ハリス, J. R.（2017）『子育ての大誤解——重要なのは親じゃない』石田理恵訳、早川書房（原著2008年）
レイヴ, J. & ウェンガー, E.（1993）『状況に埋め込まれた学習——正統的周辺参加』佐伯胖訳、産業図書（原著1991年）
ステレルニー, K.（2013）『進化の弟子——ヒトは学んで人になった』田中泉吏・中尾央・源河亨・菅原裕輝訳、勁草書房（原著2012年）

終章　「教えること」の意味と公の教育への期待

　前章までに検討してきところからすると、子供たちの人間形成に教育が必要とされるようになったのは、進歩した文明社会に適応するためにであった、とは単純にはいえなさそうである。少なくとも、現代の子供たちの人間形成にとっても、学校教育を介した学習が必須の要件になっているとはいえそうもない。高等学校への進学率が98％以上、大学への進学率が55％ほどにもなるわが国の社会に生活しているとしても、子供たちは自分たちの生活環境という「状況」に応じて、学ぶべきもの・学ばなくてもよいものを自律的に、また適切に選択している。そうして子供たちは、学校教育で学習することの意味を含めて、その子なりの状況に合わせて、必要に応じて学んだり学ばなかったりしているのである。

　それにもかかわらず、私たちの文明化した社会にとって、学校を中心とした教育が現にきわめて日常的な、生活環境に溶けこんだ営みであることはたしかである。もちろん教育という営みには、第7章にみたように現に多くの問題が指摘されており、しかもその解決に見通しが立っているようには思われない。だが「あるべき教育」に向けて改革を求める声は、社会状況の変化に応じてその中身とトーンの強さを変えるものの、けっしてなくなることはない（第4〜6章を参照）。さまざまな困難を原理的にかかえる教育などすべて無用だ、それどころか害悪にすぎない、との主張はほとんど見あたらないのである。つまり文明社会は、またいっそうの文明化をめざそうとする社会は、教育の困難さや限界、危険性などをそれなりに認めながらも、他方で教育という営みになんらかの期待をせずにはいられないようなのである。

　そこで本書の最後に位置するこの章では、教育という営みは私たち人類の社会においてそもそもどのような意味をもつのか、また教育にはどのような可能性があるのかを考えてみたい。教育に関するさまざまな事実を認識することが、

ひるがえって教育一般や公的な教育、あるいは教職に対する私たちの意識を、より積極的に肯定することにもつながるにちがいない。

1 「教える」ことの意味

　教育という営みは、実際のところさまざまな形態や方略をとることができる。放送を介して一方的に授業をすることで視聴者の学習を期待するような教育も不可能ではないし、また師匠がその行動だけを提示して、弟子に技の習得を促すような教育も意味をもつだろう。ただ、教育という営みの中核を構成しているのはやはり、子供の側での「学び（learning：学習）」を期待した、大人の側での「教え（teaching：教授）」であろう。以下では、大人たちによる「教える」という行動の意味、あるいは価値について、教育の場で現実に何が起こっているのかをヒントに検討してみよう。

（1）人間にみられる「教える」こと

　教える側の大人は一般に、子供にとって学ぶ価値がある（とみなされている）知識やスキルについて、子供の身心の状態や認知的な諸能力、あるいは発達のレベルを適切にふまえながら、そして学びに向き合う子供の心のありようを適宜モニタリングしながら、ことばと行動を介して教えている。これら一連の活動には、人間ならではの複雑で高度な心の働きが、さまざまなかたちで関わっている。こうした教え─学びの活動は、他の動物には見られない、人間ならではの複雑で高度な社会的な営みであると考えられている。

　とはいえ、相手の心を読み、またその行動を観察しながら適切に働きかけるという人間ならではの特質は、実は相手をだましたり裏切ったりする行動にも直結している。あるいはそうした特性により、相手が自分にとって都合のよい行動をするように洗脳することもできるかもしれない。だから人間において、他者、とりわけ子供が適切に学ぶようにと期待して教える行動には、自律的な行為主体として尊重されるべき子供のよりよいあり方・生き方のために働きか

終章 「教えること」の意味と公の教育への期待

図終-1　古代ギリシア・ヘレニズム期の教え行動

けようとする「利他的な（altruistic）」姿勢を欠くことはできない。つまり大人は、子供への利他的な思いにもとづき、価値ある知識やスキルの学習とその結果としてのよりよいあり方・生き方をめざして、時間と物理的・心理的な労力をかけながら導いているのである。（以上を「教える」ことの定義としておく。）

「教える」ことにむかっていく人間のこうした資質や能力が、人類の祖先のどの段階で発生したのかについては、まだわかっていないところが多い。とはいえ、少なくともここ数万年の間、私たちの祖先は一般的に、未成熟な子供として成熟した大人から教えられながら人間形成しつつ、また成熟した大人になってからは逆に未成熟な子供に教えてもきたのだろう（図終-1）。人間という動物の特有のあり方をふまえるかぎり、教えるという社会的な行動はおそらく、いつの時代であれ、また洋の東西を問わず、きわめて日常的に起きていたのだろうし、今後も変わりなく行われるだろう。

こうした教え行動だが、人間という特定の動物にのみ、しかもごく一般的に観察できる事実は、よく考えてみると不思議なことである。人間という動物においてはやはり、人間ならではの複雑で高度な社会を作りあげていく際に、大人が子供の学びをサポートしようとする活動になんらかの意味や価値があったからだ、と考えられる。

185

それでは、人間の社会において、教えることに見いだされるなんらかの意味や価値とは、いったいなんなのだろうか。

(2)「教える」ことと「学ぶ」ことの関係

教えることに見いだされる意味や価値としてまず考えられるのが、教える大人の教授により、教えられる子供の学習が適切に行われ、それによって子供が一人前の大人にむけて人間形成していくことである。場合によっては、大人が子供に教えるためにかけた時間や労力以上のものが、教えられた子供の学習を通じて実現するかもしれない。教えという社会的な行動は、一般的にはこのような教え―学びの図式を想定して行われ、また評価されているようである。

1990年代後半以降、教え―学びのこうした関係を前提に、多様な動物の教え行動が報告され、また検証された。そのひとつがミーアキャットの事例である（図終-2）。

マングースの仲間のミーアキャットは、砂漠という厳しい自然環境で、サソリという危険な動物を食物の一部にしている。そこで血縁集団の年長者は、生まれて数週間の若い個体にサソリの捕り方を「教える」という。しかも、最初は動けないサソリを与え、その扱いに慣れたら動きを弱らせたものに取り組ませ、そして最後には活発に動き回る獲物をしとめさせる、という段階をもった行動である。これら一連の複雑な行動を観察した結果、成熟した個体の行動が、未成熟な個体にとって有用なスキルや知識の学びを積極的に導いているとの意味で、教え行動が成立しているといってもよさそうである。

もちろん、人間の世界においても、こうした教え行

Yaffle Films (Meerkats) Limited © 2007
図終-2 「教える」動物・ミーアキャット

動とそれに対応した学びの活動が実際に起こる可能性を否定するつもりはない。相対的に成熟した大人の教え行動が、未成熟な子供の学びを的確に引き起こし、その結果子供の人間形成にポジティブな影響を与えることは十分にありうるだろう。

　だが、人間の心の能力やそれに基づく行動は、ミーアキャットのそれらとは比べものにならないくらい高度で複雑である。そして人間の場合、一定程度以上発達した子供はそれなりに自律的な行為主体なのだから、その学びは柔軟で、無限の多様性をもっている。第8章に確認したとおり、大人が合理的に選択した価値ある内容を、どれほど利他的な思いをもって、またいかに計画的に教えたとしても、働きかけられる子供が大人の意図通りには学ばないこともおおいにありうる。この点で、人間の教え―学びの柔軟で多様な関係は、ミーアキャットにおける教え―学びの固定化された関係とは異なるのである。

　教育学者のブレツィンカ（1928–）はかつて、「教える」という行動は、「（教え行動を通じて）学ぶ」という事態に対してはつねに「試み」という性格しかもたない、と指摘した。他者が学ぶことをめざして「教える」ということは、たとえばなくしたものを見つけるべく「探す」ということと同様に、どのような場合でも試みであることを意味している、というのである。

　人間の世界においては、大人が子供に対して利他的な思いから教えた場合であっても、当の子供が適切に学んでくれないといったことはしばしば発生する。ただ大人が意図した結果が不首尾に終わったからといって、それでは当の大人は教えたことにならない、と断じることはできない。そもそも、教える大人と学ぶ子供は別の人間であり、しかも子供もまた一定程度以上は自律的な行為主体である。だからこそ教える大人はつねに、教えられたことを学ぶ（可能性がある）子供に対して、自らの時間と労力を費やしながら、子供における価値ある学びの実現をめざして教えることを試みているにすぎない。

　以上のことからすると、大人が教えることによって果たされる子供の学びが、教えることに見いだされる意味や価値の一部であることもあるが、しかしそのすべてではないといわざるをえない。

(3)「教える」ことを通じて実現していること

　ただそのいっぽうで、他者の学びの実現を利他的な思いから試みる教え行動において、かならずなされていることもある。それは、教える大人が教えられる子供に対してつねに積極的に関わっていることである。しかもその関わりは、子供の価値ある学びとそれに基づくよりよい人間形成とよりよいあり方・生き方について、大人が利他的な思いをもちながら働きかけようとすることで成立するものである。つまり真正な意味で「教える」ことにおいて、相対的に成熟した大人は、相対的に未成熟な子供を「ケア」していることになるのである。

　人間の道徳的なあり方のひとつの面を、「ケア」という概念で説明したのが心理学者のギリガン（1936-）であった。ギリガンによると、このケアとは、他者と関わりをもちながら、当人の個別的で具体的なニーズに気づいて応答する行動のことである。それは、他者を気づかい、そのよりよいあり方・生き方に向けて働きかけることである。そして人間の教える―教えられるという関係において、大人が教えることを通じてつねに実現しているのは、まさにこのケアであると考えられる。

　教える主体である大人は、ある状況において、教えられる主体である子供と向き合う。そして大人は、その子の発達のレベルや学習の状態等を的確にふまえたうえで、その子がよりよいあり方や生き方をするために有効そうな、個別的で具体的な学びをイメージする。そこに、大人による、子供に対する教え行動が発生する。当の子供による価値ある学びが適切に実現するように、その子の学びの展開を絶えずモニタリングしながら、場合によっては自らの教え行動を柔軟に変えていく。大人が主体的・積極的にすすめるこうした教え行動は、ギリガンの説明によればまさに、ひとりの子供という自律的な行為主体のニーズを尊重しながら、その子の人間形成にとって価値ある知識やスキルを教えようと関わるものであるかぎり、ケアの具体的なすがたのひとつといえるだろう。

　学校教育の現場ではしばしば、「教師は授業で勝負する」といわれる。ただこのことばから、教師のいちばん大切な仕事は、特定の教科に関する知識やスキルをわかりやすく伝えて学ばせる指導である、という意味だけを取り出すわ

終章　「教えること」の意味と公の教育への期待

けにはいかない。「教師は授業で勝負する」ということばはむしろ、子供たちによる価値ある知識やスキルの学びの実現に教師が主体的・積極的に関わることで、結果的には子供たちの一人ひとりが自律的な行為主体であることを尊重しつつ、さらにそのよりよいあり方・生き方についてケアするという、全人的な人間形成に参与する事実を表現しようとしているはずである。教師は、その本分として期待されている「教える」ことにおいて、子供たち一人ひとりに対して以上のような特有のケアを実践していると考えられるのである。

　たしかに子供たちは、そうした場面であっても、大人に教えられた知識やスキルを実際に学ぶかどうかはわからない。ときには、また子供によっては、大人によるそうした働きかけに反発したり、それを無視したりすることもあるだろう。だが、たとえそのような場合であってもなお、当の子供は相対的に成熟した大人から、いまだ成熟していないが、だからこそ大切にされるべき子供のためを思い、そのよりよいあり方・生き方の実現をめざしたケアの働きかけを受けているといえるはずである。

　ここに、人間の教えるという行動に認められる特有の意味、あるいは価値が明らかになる。それは、教えるという行動を通じて実現している、他者に対して利他的な思いからケアするという関わりそのものなのである。教えることを介したケアによって、人間の社会はいっそう密で充実した共同体となったのと同時に、人間ならではの文化の蓄積も促されてきたのだろう。

2　「教える」ことと公の教育

　以上で検討してきたように、教える行動がもつ社会的な意味・価値は、子供に教えたい・教えようとする大人の欲求が、結果的に未成熟な子供へのケアの関わりを成り立たせるというかたちで独自に表れているといえる。つまり大人のほうが、価値ある知識やスキルを教えることにより、自分たちの大切な子供のよりよいあり方・生き方をサポートしないではいられないのだろう。

　教育はこうした「教える」ことを基盤として成り立っているのだが、この教

育は社会集団の視点からどのような意味・価値、あるいは限界と可能性をもっているのだろうか。本章の締めくくりに、この点を考えてみよう。

（1）「教える」ことから公の教育へ

　ある社会集団が、子供に「教える」ことについて積極的な思いをもった大人たちによって構成される場合、「教育」というより組織的で計画的な営みが生まれても不思議ではない。大人たちは教えることにおいて、子供たちに実現してほしいよりよいあり方・生き方を社会集団との関わりから人間形成上の目的・目標として設定し、そのために必要な学びの内容や方法を合理的・計画的に準備すればよい（序章「教育」を参照）。とくに公的な教育の場合には、子供たちへの思いが強く、関わりのスキルに長けた一部の大人に、「教えるひと」≒教師の役割を任せたほうがよいかもしれない。社会集団の他の大人たちは、自分たちの新たなメンバーとして「一人前の大人」になるべき子供への教え行動に期待し、またそのケアに満足しながら、子供たちのよりよい学びと人間形成をサポートする教師の諸活動を見まもればよい。

　以上のような「教育」、とくに公教育の機能をそなえた社会集団においては、子供たちはことさらに意識することもなく大切にケアされながら、ときに意義ある学びを積み重ねながら、「共同体」のメンバーとして人間形成し、当の共同体における一人前の大人になっていったのだろう。そしてそうした共同体は、よく人間形成したメンバーからなる組織として堅固で、さまざまな自然環境上の脅威や社会的な危機に対して強い社会集団であったこともまちがいないだろう。人類の歴史において、こうした教育を必要に応じて、社会集団における公の機能として展開できた共同体の末えいが、現生人類である私たちなのだろう。

　ただし、人類の教育、とりわけ公教育という営みがこのような起源をもっているとすれば、だからこそその限界も明らかになる。つまり、それぞれの社会集団の内部でなされる公的な教育は、当の社会集団の子供たちにとって、必要な学びとケアを含み、そこで認められる「一人前の大人」をめざした、充実した人間形成を実現するものであるかもしれない。しかしその公教育は結果的に、

当の社会集団の、共同体としての存続と発展にしか寄与しないものであることが少なくないだろう。

　国家という社会集団のレベルでは、これまでの公教育が自国の利益を最優先するように機能してきたことは、歴史が示すとおりである。あるいは、社会学者ブルデュー（1930-2002）らが指摘したように、現時点での公教育は一国の中でも、その実施主体である支配階層という社会集団に有利なものにならざるをえないようにも思われる。自分が属する社会集団の利益を優先する傾向は、実際のところ人間という動物にとっても自然なものであり、根強い。公的な領域での教育のあり方を語る場合でも、そこにはつねに、語り手自身が属するなんらかの党派的な利己性というバイアスが自然にかかっていることを認めないわけにはいかない。

（2）公の教育の新たな展開へ

　だが他方で、現代の私たちが抱える問題は深刻であり、課題は多様である。私たちの生活はいまや、その複雑さと広がりの点で、全人類と地球環境全体に大きな影響をおよぼしている。その中でも決定的な問題・課題のいくつかは、これまで人類が日常的な生活において解決してきたそれらとはまったく次元の異なるものである。それらの解決には、私たちの生まれながらの素朴な知的能力や学習能力、またそれに依存した個人的な人間形成力だけに頼ることはもはやできない。あるいは、子供たち一人ひとりに対するケアが、これらの問題・課題の解決に大きく寄与することも考えにくい。私たちにそなわるこうした能力は、今から1万年ほど前までの全人類が営んでいた、小さな社会集団での狩猟採集生活に見合ったものと大差がないからである。

　だからこそ私たちは、これからの教育に期待せずにはいられない。私たちのメンバーは、しかるべき教育を通じて、現在人類がおかれている困難な諸状況、さらには私たちの生まれながらの諸特性を適切に学ぶことも不可能ではない。またこうして、教えることを通じてケアの行き届く範囲を広げていくことで、私たちのメンバーが属する共同体の輪を拡大できるかもしれない。私たちはこ

のような教育をもとに、より大きな範囲での共同体に共通の問題・課題を見いだすことを期待できる。私たちがより広い射程をもった公の教育を求めることは、まさにより大きな範囲での共同体のメンバーすべてにとって、よりよいあり方と生き方に共通の問題・課題の解決に向けた、リアルな方略のひとつになりうるのである。

　私たちはいまや、人類と地球の未来という、より大きな範囲での共同体に共通の利害という点で決定的に重要な問題・課題が気になる。だから、それらの問題・課題について、私たちが属する共同体の次代を担う子供たちに対して、人間形成を介したそのよりよいあり方・生き方をケアするために、積極的に・責任をもって教育する役割を果たしたい。私たちはいまこそ、より大きな範囲での共同体全体の利益とその全メンバーの未来のためになるであろう、より広い射程をもった公の教育を求めたいのである。私たちが教育の現在を冷静にみつめなおすのであれば、これからの時代に生きる「一人前の大人」の育成に向けた、公教育の新たな展開を期待せずにはいられないにちがいない。

●課題
Q１．人間にそなわる教え行動の傾向を前提にすると、第８章の「教育のない時代」「教育のない世界」をどのように理解したらよいだろうか？　人間の文化を広くとらえながら考えてみよう。
Q２．現代の日本の学校教育は、人類全体に通用する公教育の立場からみて、どのような優れた点・問題点をもっているだろうか？　科学・技術の進展やグローバリズムの拡大などの視点から検討してみよう。

●参考文献
梅根悟（1967）『世界教育史』新評論

大村はま／苅谷剛彦・夏子（2003）『教えることの復権』ちくま新書
ギリガン, C.（1986）『もうひとつの声——男女の道徳観のちがいと女性のアイデンティティ』川島書店（原著 1983 年）
ブレツィンカ, W.（1980）『教育科学の基礎概念——分析・批判・提案』黎明書房（原著 1977 年）
ブルデュー, P.・パスロン, J.-C.（1991）『再生産——教育・社会・文化』藤原書店（原著 1970 年）
ボウルズ, S.・ギンタス, H.（2017）『協力する種——制度と心の共進化』NTT 出版（原著 2011 年）
村井実（2002）『教育の理想』慶応義塾大学出版会

図出典一覧

●第 1 章
図 1-1：シング, J. A. L.（1977）『狼に育てられた子』中野善達・清水知子訳、福村出版（原著 1942 年）、扉写真

●第 2 章
図 2-1：*Biblia latina*, *42 lines*, (Mainz: Johann Gutenberg and Johann Fust, about 1455). On paper. (Gutenberg Bible グーテンベルク 42 行聖書). British Library, Collection items. (https://www.bl.uk/collection-items/gutenberg-bible)（最終閲覧日：2018 年 10 月 6 日）

図 2-2：安元稔(1989)「17-18 世紀のヨーロッパの人口変動」（後藤明ほか編『シリーズ世界史への問い 1 歴史における自然』岩波書店、所収）、21 頁から作成

図 2-3：カバリー, E. P.（1985）『カバリー教育史』大和書房、川崎源訳（原著 1920 年）、323 頁

図 2-4：Johann Amos Comenius. *Orbis sensualium pictus*(世界図絵), 1659. British Library. (https://www.bl.uk/collection-items/orbis-sensualium-pictus-animal-tales-space)（最終閲覧日：2018 年 10 月 6 日）

図 2-5：'The monitorial system in action', Interior of the Central School of the British and Foreign School Society, London, from Paul Monroe, *A Cyclopedia of Education*, New York, Macmillan, 1913. 5 The background to the essays, Robert Owen and New Lanark, Open Learn Free learning from The Open University. (http://www.open.edu/openlearn/history-the-arts/history/history-art/robert-owen-and-new-lanark/content-section-5.1)（最終閲覧日：2018 年 8 月 8 日）

図 2-6：同上

図 2-7：太田昭子(2014)「学びの場の風景——幕末維新期の日本人の見た西洋社会と教育（1）初等教育における世界地理教育を中心に」『教養論叢』135、55 頁

●第 3 章
図 3-1：文部省（1962）『日本の成長と教育——教育の展開と経済の発展』（昭和 32 年度教育白書）、32 頁

図 3-2：文部省（1972）『学制百年史 資料編』、339 頁

●第 4 章
図 4-1：文部省編（1948）『日本のむかしと今 社会科 第四学年用』東京書籍、2-3 頁

図 4-2：法務省法務総合研究所(2017)『平成 29 年版 犯罪白書——更生を支援する地域のネットワーク』、第 3 編第 1 章第 1 節 1 (http://hakusyo1.moj.go.jp/jp/64/nfm/n64_

2_3_1_1_1.html)

図 4-3：文部科学省(2018)「学校基本調査」、総括表/ 8 / 就園率・進学率の推移（https://www.e-stat.go.jp/stat-search/file-download?statInfId=000031741057&fileKind=2）

＊上記 URL は、2018 年 10 月 1 日現在のものである。最新のデータ等については、各省ホームページや s-Stat（https://www.e-stat.go.jp/）等を参照のこと。

●第 6 章

図 6-1：厚生労働省ホームページ「新規学卒者の離職状況」、雇用・労働/ 雇用/ 若年者雇用対策（https://www.mhlw.go.jp/file/06-Seisakujouhou-11650000-Shokugyouanteikyokuhakenyukiroudoutaisakubu/0000177658.pdf）

図 6-2：厚生労働省ホームページ「新規学卒者の離職状況」、雇用・労働/ 雇用/ 若年者雇用対策（https://www.mhlw.go.jp/file/06-Seisakujouhou-11650000-Shokugyouanteikyokuhakenyukiroudoutaisakubu/0000177658.pdf）

＊上記 URL は、2018 年 10 月 1 日現在のものである。最新のデータ等については、各省ホームページや s-Stat（https://www.e-stat.go.jp/）等を参照のこと。

●第 7 章

図 7-1：文部科学省（2017）平成 28 年度「児童生徒の問題行動・不登校等生徒指導上の諸課題に関する調査」（速報値）（http://www.mext.go.jp/b_menu/houdou/29/10/1397646.htm）（最終閲覧日：2018 年 12 月 25 日）

図 7-2：同上

図 7-3：文部科学省（2016）「体罰の実態把握について（平成 27 年度）」（http://www.mext.go.jp/component/a_menu/education/detail/__icsFiles/afieldfile/2016/12/21/1380741_02.pdf）（最終閲覧日：2018 年 12 月 25 日）

●第 8 章

図 8-1：原ひろ子（1989）『ヘヤー・インディアンとその世界』平凡社、331 頁より作成

図 8-2：（執筆者による）

●終章

図終-1：川崎源（編著）(1979)『西洋教育史』ミネルヴァ書房、6 頁より作成

図終-2：『ミーアキャット』DVD（2009）、発売：スタイルジャム、販売：角川エンタテイメント

参照資料　教育に関する法規など

（注1）条文中「左」「右」と指示される該当箇所は、本書では適宜「下」「上」と読み替える。
（注2）項番号は①、②……で統一する。
（注3）以下の法令等（現行法）は、2018年10月15日現在のものである。最新の法令等については、e-Gov ホームページ（http://www.e-gov.go.jp/）もしくは文部科学省ホームページ（http://www.mext.go.jp/）を参照のこと。

學事奬勵ニ關スル被仰出書　（學制序文）
　　　　　　　　太政官布告第二百十四號
　　　　　　　　　（明治五年壬申七月）

人々自ら其身を立て其産を治め其業を昌にして以て其生を遂るゆゑんのものは他なし身を脩め智を開き才芸を長ずるによるなり而て其身を脩め知を開き才芸を長ずるは学にあらざれば能はず是れ学校の設あるゆゑんにして日用常行言語書算を初め仕官農商百工技芸及び法律政治天文医療等に至る迄凡人の営むところの事学あらさるはなし人能く其才のあるところに応じ勉励して之に従事ししかして後初で生を治め産を興し業を昌にするを得べしされば学問は身を立るの財本ともいふべきものにして人たるもの誰か学ばずして可ならんや夫の道路に迷ひ飢餓に陥り家を破り身を喪の徒の如きは畢竟不学よりしてかゝる過ちを生ずるなり従来学校の設ありてより年を歴ること久しといへども或は其道を得ざるよりして人其方向を誤り学問は士人以上の事とし農工商及婦女子に至つては之を度外におき学問の何者たるを辨ぜず又士人以上の稀に学ぶものも動もすれば国家の為にすと唱へ身を立るの基たるを知ずして或は詞章記誦の末に趨り空理虚談の途に陥り其論高尚に似たりといへども之を身に行ひ事に施すこと能ざるもの少からず是すなはち沿襲の習弊にして文明普ねからず才芸の長ぜずして貧乏破産喪家の徒多きゆゑんなり是故に人たるものは学ばずんばあるべからず之を学ぶに宜しく其旨を誤るべからず之に依て今般文部省に於て学制を定め追々教則をも改正し布告に及ぶべきにつき自今以後一般の人民華士族農工商及婦女子必ず邑に不学の戸なく家に不学の人なからしめん事を期す人の父兄たるもの宜しく此意を体認し其愛育の情を厚くし其子弟をして必ず学に従事せしめざるべからざるものなり高上の学に至ては其人の材能に任かすといえども幼童の子弟は男女の別なく小学に従事せしめざるものは其父兄の越度たるべき事

　但従来沿襲の弊学問は士人以上の事とし国家の為にすと唱ふるを以て学費及其衣食の用に至る迄多く官に依頼し之を給するに非ざれば学ざる事と思ひ一生を自棄するもの少からず是皆惑へるの甚しきもの也自今以後此等の弊を改め一般の人民他事を拋ち自ら奮て必ず学に従事せしむべき様心得べき事

右之通被　仰出候条地方官ニ於テ辺隅小民ニ至ル迄不洩様便宜解釈ヲ加ヘ精細申論文部省規則ニ随ヒ学問普及致候様方法ヲ設可施行事

教育ニ關スル勅語

(明治23年10月30日)

朕惟フニ我カ皇祖皇宗國ヲ肇ムルコト宏遠ニ德ヲ樹ツルコト深厚ナリ我カ臣民克ク忠ニ克ク孝ニ億兆心ヲ一ニシテ世々厥ノ美ヲ濟セルハ此レ我カ國體ノ精華ニシテ教育ノ淵源亦實ニ此ニ存ス爾臣民父母ニ孝ニ兄弟ニ友ニ夫婦相和シ朋友相信シ恭儉己レヲ持シ博愛衆ニ及ホシ學ヲ修メ業ヲ習ヒ以テ智能ヲ啓發シ德器ヲ成就シ進テ公益ヲ廣メ世務ヲ開キ常ニ國憲ヲ重シ國法ニ遵ヒ一旦緩急アレハ義勇公ニ奉シ以テ天壤無窮ノ皇運ヲ扶翼スヘシ是ノ如キハ獨リ朕カ忠良ノ臣民タルノミナラス又以テ爾祖先ノ遺風ヲ顯彰スルニ足ラン

斯ノ道ハ實ニ我カ皇祖皇宗ノ遺訓ニシテ子孫臣民ノ俱ニ遵守スヘキ所之ヲ古今ニ通シテ謬ラス之ヲ中外ニ施シテ悖ラス朕爾臣民ト俱ニ拳々服膺シテ咸其德ヲ一ニセンコトヲ庶幾フ

日本国憲法（抄）

(昭和21年11月3日)

第3章　国民の権利及び義務

第11条　国民は、すべての基本的人権の享有を妨げられない。この憲法が国民に保障する基本的人権は、侵すことのできない永久の権利として、現在及び将来の国民に与へられる。

第12条　この憲法が国民に保障する自由及び権利は、国民の不断の努力によつて、これを保持しなければならない。又、国民は、これを濫用してはならないのであつて、常に公共の福祉のためにこれを利用する責任を負ふ。

第13条　すべて国民は、個人として尊重される。生命、自由及び幸福追求に対する国民の権利については、公共の福祉に反しない限り、立法その他の国政の上で、最大の尊重を必要とする。

第14条　すべて国民は、法の下に平等であつて、人種、信条、性別、社会的身分又は門地により、政治的、経済的又は社会的関係において、差別されない。

②〜③（略）

第19条　思想及び良心の自由は、これを侵してはならない。

第20条　信教の自由は、何人に対してもこれを保障する。いかなる宗教団体も、国から特権を受け、又は政治上の権力を行使してはならない。

②　何人も、宗教上の行為、祝典、儀式又は行事に参加することを強制されない。

③　国及びその機関は、宗教教育その他いかなる宗教的活動もしてはならない。

第21条　集会、結社及び言論、出版その他一切の表現の自由は、これを保障する。

②（略）

第22条　何人も、公共の福祉に反しない限り、居住、移転及び職業選択の自由を有する。

②（略）

第23条　学問の自由は、これを保障する。

第25条　すべて国民は、健康で文化的な最低限度の生活を営む権利を有する。

②（略）

第27条　すべて国民は、勤労の権利を有し、義務を負ふ。

②（略）

③　児童は、これを酷使してはならない。

第7章　財政

第89条 公金その他の公の財産は、宗教上の組織若しくは団体の使用、便益若しくは維持のため、又は公の支配に属しない慈善、教育若しくは博愛の事業に対し、これを支出し、又はその利用に供してはならない。

教育基本法
　　（平成18年12月22日法律第120号）

我々日本国民は、たゆまぬ努力によって築いてきた民主的で文化的な国家を更に発展させるとともに、世界の平和と人類の福祉の向上に貢献することを願うものである。我々は、この理想を実現するため、個人の尊厳を重んじ、真理と正義を希求し、公共の精神を尊び、豊かな人間性と創造性を備えた人間の育成を期するとともに、伝統を継承し、新しい文化の創造を目指す教育を推進する。ここに、我々は、日本国憲法の精神にのっとり、我が国の未来を切り拓く教育の基本を確立し、その振興を図るため、この法律を制定する。

第1章　教育の目的及び理念
（教育の目的）
第1条　教育は、人格の完成を目指し、平和で民主的な国家及び社会の形成者として必要な資質を備えた心身ともに健康な国民の育成を期して行われなければならない。
（教育の目標）
第2条　教育は、その目的を実現するため、学問の自由を尊重しつつ、次に掲げる目標を達成するよう行われるものとする。
　一　幅広い知識と教養を身に付け、真理を求める態度を養い、豊かな情操と道徳心を培うとともに、健やかな身体を養うこと。
　二　個人の価値を尊重して、その能力を伸ばし、創造性を培い、自主及び自律の精神を養うとともに、職業及び生活との関連を重視し、勤労を重んずる態度を養うこと。
　三　正義と責任、男女の平等、自他の敬愛と協力を重んずるとともに、公共の精神に基づき、主体的に社会の形成に参画し、その発展に寄与する態度を養うこと。
　四　生命を尊び、自然を大切にし、環境の保全に寄与する態度を養うこと。
　五　伝統と文化を尊重し、それらをはぐくんできた我が国と郷土を愛するとともに、他国を尊重し、国際社会の平和と発展に寄与する態度を養うこと。
（生涯学習の理念）
第3条　国民一人一人が、自己の人格を磨き、豊かな人生を送ることができるよう、その生涯にわたって、あらゆる機会に、あらゆる場所において学習することができ、その成果を適切に生かすことのできる社会の実現が図られなければならない。
（教育の機会均等）
第4条　すべて国民は、ひとしく、その能力に応じた教育を受ける機会を与えられなければならず、人種、信条、性別、社会的身分、経済的地位又は門地によって、教育上差別されない。
②　国及び地方公共団体は、障害のある者が、その障害の状態に応じ、十分な教育を受けられるよう、教育上必要な支援を講じなければならない。
③　国及び地方公共団体は、能力があるにもかかわらず、経済的理由によって修学

が困難な者に対して、奨学の措置を講じなければならない。

第2章　教育の実施に関する基本
（義務教育）
第5条　国民は、その保護する子に、別に法律で定めるところにより、普通教育を受けさせる義務を負う。
②　義務教育として行われる普通教育は、各個人の有する能力を伸ばしつつ社会において自立的に生きる基礎を培い、また、国家及び社会の形成者として必要とされる基本的な資質を養うことを目的として行われるものとする。
③　国及び地方公共団体は、義務教育の機会を保障し、その水準を確保するため、適切な役割分担及び相互の協力の下、その実施に責任を負う。
④　国又は地方公共団体の設置する学校における義務教育については、授業料を徴収しない。
（学校教育）
第6条　法律に定める学校は、公の性質を有するものであって、国、地方公共団体及び法律に定める法人のみが、これを設置することができる。
②　前項の学校においては、教育の目標が達成されるよう、教育を受ける者の心身の発達に応じて、体系的な教育が組織的に行われなければならない。この場合において、教育を受ける者が、学校生活を営む上で必要な規律を重んずるとともに、自ら進んで学習に取り組む意欲を高めることを重視して行われなければならない。
（大学）
第7条　大学は、学術の中心として、高い教養と専門的能力を培うとともに、深く真理を探究して新たな知見を創造し、これらの成果を広く社会に提供することにより、社会の発展に寄与するものとする。
②　大学については、自主性、自律性その他の大学における教育及び研究の特性が尊重されなければならない。
（私立学校）
第8条　私立学校の有する公の性質及び学校教育において果たす重要な役割にかんがみ、国及び地方公共団体は、その自主性を尊重しつつ、助成その他の適当な方法によって私立学校教育の振興に努めなければならない。
（教員）
第9条　法律に定める学校の教員は、自己の崇高な使命を深く自覚し、絶えず研究と修養に励み、その職責の遂行に努めなければならない。
②　前項の教員については、その使命と職責の重要性にかんがみ、その身分は尊重され、待遇の適正が期せられるとともに、養成と研修の充実が図られなければならない。
（家庭教育）
第10条　父母その他の保護者は、子の教育について第一義的責任を有するものであって、生活のために必要な習慣を身に付けさせるとともに、自立心を育成し、心身の調和のとれた発達を図るよう努めるものとする。
②　国及び地方公共団体は、家庭教育の自主性を尊重しつつ、保護者に対する学習の機会及び情報の提供その他の家庭教育を支援するために必要な施策を講ずるよう努めなければならない。
（幼児期の教育）
第11条　幼児期の教育は、生涯にわたる

人格形成の基礎を培う重要なものであることにかんがみ、国及び地方公共団体は、幼児の健やかな成長に資する良好な環境の整備その他適当な方法によって、その振興に努めなければならない。
（社会教育）
第12条　個人の要望や社会の要請にこたえ、社会において行われる教育は、国及び地方公共団体によって奨励されなければならない。
②　国及び地方公共団体は、図書館、博物館、公民館その他の社会教育施設の設置、学校の施設の利用、学習の機会及び情報の提供その他の適当な方法によって社会教育の振興に努めなければならない。
（学校、家庭及び地域住民等の相互の連携協力）
第13条　学校、家庭及び地域住民その他の関係者は、教育におけるそれぞれの役割と責任を自覚するとともに、相互の連携及び協力に努めるものとする。
（政治教育）
第14条　良識ある公民として必要な政治的教養は、教育上尊重されなければならない。
②　法律に定める学校は、特定の政党を支持し、又はこれに反対するための政治教育その他政治的活動をしてはならない。
（宗教教育）
第15条　宗教に関する寛容の態度、宗教に関する一般的な教養及び宗教の社会生活における地位は、教育上尊重されなければならない。
②　国及び地方公共団体が設置する学校は、特定の宗教のための宗教教育その他宗教的活動をしてはならない。

第3章　教育行政
（教育行政）
第16条　教育は、不当な支配に服することなく、この法律及び他の法律の定めるところにより行われるべきものであり、教育行政は、国と地方公共団体との適切な役割分担及び相互の協力の下、公正かつ適正に行われなければならない。
②　国は、全国的な教育の機会均等と教育水準の維持向上を図るため、教育に関する施策を総合的に策定し、実施しなければならない。
③　地方公共団体は、その地域における教育の振興を図るため、その実情に応じた教育に関する施策を策定し、実施しなければならない。
④　国及び地方公共団体は、教育が円滑かつ継続的に実施されるよう、必要な財政上の措置を講じなければならない。
（教育振興基本計画）
第17条　政府は、教育の振興に関する施策の総合的かつ計画的な推進を図るため、教育の振興に関する施策についての基本的な方針及び講ずべき施策その他必要な事項について、基本的な計画を定め、これを国会に報告するとともに、公表しなければならない。
②　地方公共団体は、前項の計画を参酌し、その地域の実情に応じ、当該地方公共団体における教育の振興のための施策に関する基本的な計画を定めるよう努めなければならない。

第4章　法令の制定
第18条　この法律に規定する諸条項を実施するため、必要な法令が制定されなければならない。

附　則　抄
（施行期日）
1　この法律は、公布の日から施行する。

学校教育法（抄）
　　　（昭和22年3月31日法律第26号）

第1章　総則
第1条　この法律で、学校とは、幼稚園、小学校、中学校、義務教育学校、高等学校、中等教育学校、特別支援学校、大学及び高等専門学校とする。
第5条　学校の設置者は、その設置する学校を管理し、法令に特別の定のある場合を除いては、その学校の経費を負担する。
第6条　学校においては、授業料を徴収することができる。ただし、国立又は公立の小学校及び中学校、義務教育学校、中等教育学校の前期課程又は特別支援学校の小学部及び中学部における義務教育については、これを徴収することができない。
第7条　学校には、校長及び相当数の教員を置かなければならない。
第8条　校長及び教員（教育職員免許法の適用を受ける者を除く。）の資格に関する事項は、別に法律で定めるもののほか、文部科学大臣がこれを定める。
第9条　次の各号のいずれかに該当する者は、校長又は教員となることができない。
　一　成年被後見人又は被保佐人
　二　禁錮以上の刑に処せられた者
　三　教育職員免許法第10条第1項第2号又は第3号に該当することにより免許状がその効力を失い、当該失効の日から三年を経過しない者
　四　教育職員免許法第11条第1項から第3項までの規定により免許状取上げの処分を受け、三年を経過しない者
　五　日本国憲法施行の日以後において、日本国憲法又はその下に成立した政府を暴力で破壊することを主張する政党その他の団体を結成し、又はこれに加入した者
第11条　校長及び教員は、教育上必要があると認めるときは、文部科学大臣の定めるところにより、児童、生徒及び学生に懲戒を加えることができる。ただし、体罰を加えることはできない。
第12条　学校においては、別に法律で定めるところにより、幼児、児童、生徒及び学生並びに職員の健康の保持増進を図るため、健康診断を行い、その他その保健に必要な措置を講じなければならない。

第2章　義務教育
第16条　保護者（子に対して親権を行う者（親権を行う者のないときは、未成年後見人）をいう。以下同じ。）は、次条に定めるところにより、子に九年の普通教育を受けさせる義務を負う。
第17条　保護者は、子の満六歳に達した日の翌日以後における最初の学年の初めから、満十二歳に達した日の属する学年の終わりまで、これを小学校、義務教育学校の前期課程又は特別支援学校の小学部に就学させる義務を負う。ただし、子が、満十二歳に達した日の属する学年の終わりまでに小学校の課程、義務教育学校の前期課程又は特別支援学校の小学部の課程を修了しないときは、満十五歳に達した日の属する学年の終わり（それまでの間においてこれらの課程を修了したときは、その修了した日の属する学年の

② 保護者は、子が小学校の課程、義務教育学校の前期課程又は特別支援学校の小学部の課程を修了した日の翌日以後における最初の学年の初めから、満十五歳に達した日の属する学年の終わりまで、これを中学校、義務教育学校の後期課程、中等教育学校の前期課程又は特別支援学校の中学部に就学させる義務を負う。
③ （略）
第21条　義務教育として行われる普通教育は、教育基本法（平成8年法律第120号）第5条第2項に規定する目的を実現するため、次に掲げる目標を達成するよう行われるものとする。
一　学校内外における社会的活動を促進し、自主、自律及び協同の精神、規範意識、公正な判断力並びに公共の精神に基づき主体的に社会の形成に参画し、その発展に寄与する態度を養うこと。
二　学校内外における自然体験活動を促進し、生命及び自然を尊重する精神並びに環境の保全に寄与する態度を養うこと。
三　我が国と郷土の現状と歴史について、正しい理解に導き、伝統と文化を尊重し、それらをはぐくんできた我が国と郷土を愛する態度を養うとともに、進んで外国の文化の理解を通じて、他国を尊重し、国際社会の平和と発展に寄与する態度を養うこと。
四　家族と家庭の役割、生活に必要な衣、食、住、情報、産業その他の事項について基礎的な理解と技能を養うこと。
五　読書に親しませ、生活に必要な国語を正しく理解し、使用する基礎的な能力を養うこと。
六　生活に必要な数量的な関係を正しく理解し、処理する基礎的な能力を養うこと。
七　生活にかかわる自然現象について、観察及び実験を通じて、科学的に理解し、処理する基礎的な能力を養うこと。
八　健康、安全で幸福な生活のために必要な習慣を養うとともに、運動を通じて体力を養い、心身の調和的発達を図ること。
九　生活を明るく豊かにする音楽、美術、文芸その他の芸術について基礎的な理解と技能を養うこと。
十　職業についての基礎的な知識と技能、勤労を重んずる態度及び個性に応じて将来の進路を選択する能力を養うこと。

第3章　幼稚園
第22条　幼稚園は、義務教育及びその後の教育の基礎を培うものとして、幼児を保育し、幼児の健やかな成長のために適当な環境を与えて、その心身の発達を助長することを目的とする。
第23条　幼稚園における教育は、前条に規定する目的を実現するため、次に掲げる目標を達成するよう行われるものとする。
一　健康、安全で幸福な生活のために必要な基本的な習慣を養い、身体諸機能の調和的発達を図ること。
二　集団生活を通じて、喜んでこれに参加する態度を養うとともに家族や身近な人への信頼感を深め、自主、自律及び協同の精神並びに規範意識の芽生えを養うこと。
三　身近な社会生活、生命及び自然に対する興味を養い、それらに対する正し

い理解と態度及び思考力の芽生えを養うこと。
　四　日常の会話や、絵本、童話等に親しむことを通じて、言葉の使い方を正しく導くとともに、相手の話を理解しようとする態度を養うこと。
　五　音楽、身体による表現、造形等に親しむことを通じて、豊かな感性と表現力の芽生えを養うこと。

第4章　小学校
第29条　小学校は、心身の発達に応じて、義務教育として行われる普通教育のうち基礎的なものを施すことを目的とする。
第30条　小学校における教育は、前条に規定する目的を実現するために必要な程度において第21条各号に掲げる目標を達成するよう行われるものとする。
②　（略）
第31条　小学校においては、前条第1項の規定による目標の達成に資するよう、教育指導を行うに当たり、児童の体験的な学習活動、特にボランティア活動など社会奉仕体験活動、自然体験活動その他の体験活動の充実に努めるものとする。この場合において、社会教育関係団体その他の関係団体及び関係機関との連携に十分配慮しなければならない。
第35条　市町村の教育委員会は、次に掲げる行為の一又は二以上を繰り返し行う等性行不良であつて他の児童の教育に妨げがあると認める児童があるときは、その保護者に対して、児童の出席停止を命ずることができる。
　一　他の児童に傷害、心身の苦痛又は財産上の損失を与える行為
　二　職員に傷害又は心身の苦痛を与える行為
　三　施設又は設備を損壊する行為
　四　授業その他の教育活動の実施を妨げる行為
②　市町村の教育委員会は、前項の規定により出席停止を命ずる場合には、あらかじめ保護者の意見を聴取するとともに、理由及び期間を記載した文書を交付しなければならない。
③　（略）
④　市町村の教育委員会は、出席停止の命令に係る児童の出席停止の期間における学習に対する支援その他の教育上必要な措置を講ずるものとする。
第37条　小学校には、校長、教頭、教諭、養護教諭及び事務職員を置かなければならない。
②　小学校には、前項に規定するもののほか、副校長、主幹教諭、指導教諭、栄養教諭その他必要な職員を置くことができる。
③　第1項の規定にかかわらず、副校長を置くときその他特別の事情のあるときは教頭を、養護をつかさどる主幹教諭を置くときは養護教諭を、特別の事情のあるときは事務職員を、それぞれ置かないことができる。
④　校長は、校務をつかさどり、所属職員を監督する。
⑤　副校長は、校長を助け、命を受けて校務をつかさどる。
⑥　（略）
⑦　教頭は、校長（副校長を置く小学校にあつては、校長及び副校長）を助け、校務を整理し、及び必要に応じ児童の教育をつかさどる。
⑧　（略）

⑨ 主幹教諭は、校長（副校長を置く小学校にあつては、校長及び副校長）及び教頭を助け、命を受けて校務の一部を整理し、並びに児童の教育をつかさどる。
⑩ 指導教諭は、児童の教育をつかさどり、並びに教諭その他の職員に対して、教育指導の改善及び充実のために必要な指導及び助言を行う。
⑪ 教諭は、児童の教育をつかさどる。
⑫ 養護教諭は、児童の養護をつかさどる。
⑬ 栄養教諭は、児童の栄養の指導及び管理をつかさどる。
⑭〜⑲（略）
第38条　市町村は、その区域内にある学齢児童を就学させるに必要な小学校を設置しなければならない。ただし、教育上有益かつ適切であると認めるときは、義務教育学校の設置をもってこれに代えることができる。
第42条　小学校は、文部科学大臣の定めるところにより当該小学校の教育活動その他の学校運営の状況について評価を行い、その結果に基づき学校運営の改善を図るため必要な措置を講ずることにより、その教育水準の向上に努めなければならない。
第43条　小学校は、当該小学校に関する保護者及び地域住民その他の関係者の理解を深めるとともに、これらの者との連携及び協力の推進に資するため、当該小学校の教育活動その他の学校運営の状況に関する情報を積極的に提供するものとする。

第5章　中学校
第45条　中学校は、小学校における教育の基礎の上に、心身の発達に応じて、義務教育として行われる普通教育を施すことを目的とする。
第5章の2　義務教育学校
第49条の2　義務教育学校は、心身の発達に応じて、義務教育として行われる普通教育を基礎的なものから一貫して施すことを目的とする。

第6章　高等学校
第50条　高等学校は、中学校における教育の基礎の上に、心身の発達及び進路に応じて、高度な普通教育及び専門教育を施すことを目的とする。
第51条　高等学校における教育は、前条に規定する目的を実現するため、次に掲げる目標を達成するよう行われるものとする。
一　義務教育として行われる普通教育の成果を更に発展拡充させて、豊かな人間性、創造性及び健やかな身体を養い、国家及び社会の形成者として必要な資質を養うこと。
二　社会において果たさなければならない使命の自覚に基づき、個性に応じて将来の進路を決定させ、一般的な教養を高め、専門的な知識、技術及び技能を習得させること。
三　個性の確立に努めるとともに、社会について、広く深い理解と健全な批判力を養い、社会の発展に寄与する態度を養うこと。

第7章　中等教育学校
第63条　中等教育学校は、小学校における教育の基礎の上に、心身の発達及び進路に応じて、義務教育として行われる普通教育並びに高度な普通教育及び専門教

育を一貫して施すことを目的とする。

第8章 特別支援教育

第72条 特別支援学校は、視覚障害者、聴覚障害者、知的障害者、肢体不自由者又は病弱者（身体虚弱者を含む。以下同じ。）に対して、幼稚園、小学校、中学校又は高等学校に準ずる教育を施すとともに、障害による学習上又は生活上の困難を克服し自立を図るために必要な知識技能を授けることを目的とする。

第74条 特別支援学校においては、第72条に規定する目的を実現するための教育を行うほか、幼稚園、小学校、中学校、義務教育学校、高等学校又は中等教育学校の要請に応じて、第81条第1項に規定する幼児、児童又は生徒の教育に関し必要な助言又は援助を行うよう努めるものとする。

第80条 都道府県は、その区域内にある学齢児童及び学齢生徒のうち、視覚障害者、聴覚障害者、知的障害者、肢体不自由者又は病弱者で、その障害が第75条の政令で定める程度のものを就学させるに必要な特別支援学校を設置しなければならない。

第81条 幼稚園、小学校、中学校、義務教育学校、高等学校及び中等教育学校においては、次項各号のいずれかに該当する幼児、児童及び生徒その他教育上特別の支援を必要とする幼児、児童及び生徒に対し、文部科学大臣の定めるところにより、障害による学習上又は生活上の困難を克服するための教育を行うものとする。

② 小学校、中学校、義務教育学校、高等学校及び中等教育学校には、次の各号のいずれかに該当する児童及び生徒のために、特別支援学級を置くことができる。
一 知的障害者
二 肢体不自由者
三 身体虚弱者
四 弱視者
五 難聴者
六 その他障害のある者で、特別支援学級において教育を行うことが適当なもの

第13章 罰則

第144条 第17条第1項又は第2項の義務の履行の督促を受け、なお履行しない者は、十万円以下の罰金に処する。

学校教育法施行規則（抄）
　（昭和22年5月23日文部省令第11号）

第1章 総則
　第3節 管理

第26条 校長及び教員が児童等に懲戒を加えるに当つては、児童等の心身の発達に応ずる等教育上必要な配慮をしなければならない。

② 懲戒のうち、退学、停学及び訓告の処分は、校長（大学にあつては、学長の委任を受けた学部長を含む。）が行う。

③ 前項の退学は、公立の小学校、中学校（学校教育法第71条の規定により高等学校における教育と一貫した教育を施すもの（以下「併設型中学校」という。）を除く。）、義務教育学校又は特別支援学校に在学する学齢児童又は学齢生徒を除き、次の各号のいずれかに該当する児童等に対して行うことができる。

一 性行不良で改善の見込がないと認め

られる者
　二　学力劣等で成業の見込がないと認められる者
　三　正当の理由がなくて出席常でない者
　四　学校の秩序を乱し、その他学生又は生徒としての本分に反した者
④　第2項の停学は、学齢児童又は学齢生徒に対しては、行うことができない。
⑤　学長は、学生に対する第2項の退学、停学及び訓告の処分の手続を定めなければならない。

第4章　小学校
　第2節　教育課程
第50条　小学校の教育課程は、国語、社会、算数、理科、生活、音楽、図画工作、家庭及び体育の各教科（以下この節において「各教科」という。）、道徳、外国語活動、総合的な学習の時間並びに特別活動によつて編成するものとする。
②　私立の小学校の教育課程を編成する場合は、前項の規定にかかわらず、宗教を加えることができる。この場合においては、宗教をもつて前項の道徳に代えることができる。
第52条　小学校の教育課程については、この節に定めるもののほか、教育課程の基準として文部科学大臣が別に公示する小学校学習指導要領によるものとする。

第8章　特別支援教育
第140条　小学校、中学校若しくは義務教育学校又は中等教育学校の前期課程において、次の各号のいずれかに該当する児童又は生徒（特別支援学級の児童及び生徒を除く。）のうち当該障害に応じた特別の指導を行う必要があるものを教育する場合には、文部科学大臣が別に定めるところにより、第50条第1項（第79条の6第1項において準用する場合を含む。）、第51条、第52条（第79条の6第1項において準用する場合を含む。）、第52条の3、第72条（第79条の6第2項及び第108条第1項において準用する場合を含む。）、第73条、第74条（第79条の6第2項及び第108条第1項において準用する場合を含む。）、第74条の3、第76条、第79条の5（第79条の12において準用する場合を含む。）及び第107条（第117条において準用する場合を含む。）の規定にかかわらず、特別の教育課程によることができる。
　一　言語障害者
　二　自閉症者
　三　情緒障害者
　四　弱視者
　五　難聴者
　六　学習障害者
　七　注意欠陥多動性障害者
　八　その他障害のある者で、この条の規定により特別の教育課程による教育を行うことが適当なもの

社会教育法（抄）
　　　（昭和24年6月10日法律第207号）

第1章　総則
（社会教育の定義）
第2条　この法律において「社会教育」とは、学校教育法又は就学前の子どもに関する教育、保育等の総合的な提供の推進に関する法律に基づき、学校の教育課程として行われる教育活動を除き、主として青少年及び成人に対して行われる組織

的な教育活動（体育及びレクリエーションの活動を含む。）をいう。
（図書館及び博物館）
第9条　図書館及び博物館は、社会教育のための機関とする。
②　図書館及び博物館に関し必要な事項は、別に法律をもつて定める。

第2章　社会教育主事等
（社会教育主事及び社会教育主事補の設置）
第9条の2　都道府県及び市町村の教育委員会の事務局に、社会教育主事を置く。
②　（略）
（国及び地方公共団体との関係）
第12条　国及び地方公共団体は、社会教育関係団体に対し、いかなる方法によつても、不当に統制的支配を及ぼし、又はその事業に干渉を加えてはならない。

第4章　社会教育委員
（社会教育委員の設置）
第15条　都道府県及び市町村に社会教育委員を置くことができる。
②　社会教育委員は、教育委員会が委嘱する。

第5章　公民館
（目的）
第20条　公民館は、市町村その他一定区域内の住民のために、実際生活に即する教育、学術及び文化に関する各種の事業を行い、もつて住民の教養の向上、健康の増進、情操の純化を図り、生活文化の振興、社会福祉の増進に寄与することを目的とする。
（公民館の設置者）
第21条　公民館は、市町村が設置する。
②～③　（略）

第6章　学校施設の利用
（学校施設の利用）
第44条　学校（国立学校又は公立学校をいう。以下この章において同じ。）の管理機関は、学校教育上支障がないと認める限り、その管理する学校の施設を社会教育のために利用に供するように努めなければならない。
②　（略）

生涯学習の振興のための施策の推進体制等の整備に関する法律（抄）
　　　　（平成2年6月29日法律第71号）

（目的）
第1条　この法律は、国民が生涯にわたって学習する機会があまねく求められている状況にかんがみ、生涯学習の振興に資するための都道府県の事業に関しその推進体制の整備その他の必要な事項を定め、及び特定の地区において生涯学習に係る機会の総合的な提供を促進するための措置について定めるとともに、都道府県生涯学習審議会の事務について定める等の措置を講ずることにより、生涯学習の振興のための施策の推進体制及び地域における生涯学習に係る機会の整備を図り、もって生涯学習の振興に寄与することを目的とする。

地方公務員法（抄）
　　　　（昭和25年12月13日法律第261号）

第3章　職員に適用される基準

第5節　分限及び懲戒

（分限及び懲戒の基準）

第27条　すべて職員の分限及び懲戒については、公正でなければならない。

② 職員は、この法律で定める事由による場合でなければ、その意に反して、降任され、若しくは免職されず、この法律又は条例で定める事由による場合でなければ、その意に反して、休職されず、又、条例で定める事由による場合でなければ、その意に反して降給されることがない。

③ 職員は、この法律で定める事由による場合でなければ、懲戒処分を受けることがない。

（降任、免職、休職等）

第28条　職員が、次の各号に掲げる場合のいずれかに該当するときは、その意に反して、これを降任し、又は免職することができる。

一　人事評価又は勤務の状況を示す事実に照らして、勤務実績がよくない場合

二　心身の故障のため、職務の遂行に支障があり、又はこれに堪えない場合

三　前二号に規定する場合のほか、その職に必要な適格性を欠く場合

四　職制若しくは定数の改廃又は予算の減少により廃職又は過員を生じた場合

② 職員が、左の各号の一に該当する場合においては、その意に反してこれを休職することができる。

一　心身の故障のため、長期の休養を要する場合

二　刑事事件に関し起訴された場合

③ 職員の意に反する降任、免職、休職及び降給の手続及び効果は、法律に特別の定がある場合を除く外、条例で定めなければならない。

④ 職員は、第16条各号（第3号を除く。）の一に該当するに至つたときは、条例に特別の定がある場合を除く外、その職を失う。

第6節　服務

（服務の根本基準）

第30条　すべて職員は、全体の奉仕者として公共の利益のために勤務し、且つ、職務の遂行に当つては、全力を挙げてこれに専念しなければならない。

（服務の宣誓）

第31条　職員は、条例の定めるところにより、服務の宣誓をしなければならない。

（法令等及び上司の職務上の命令に従う義務）

第32条　職員は、その職務を遂行するに当つて、法令、条例、地方公共団体の規則及び地方公共団体の機関の定める規程に従い、且つ、上司の職務上の命令に忠実に従わなければならない。

（信用失墜行為の禁止）

第33条　職員は、その職の信用を傷つけ、又は職員の職全体の不名誉となるような行為をしてはならない。

（秘密を守る義務）

第34条　職員は、職務上知り得た秘密を漏らしてはならない。その職を退いた後も、また、同様とする。

②〜③（略）

（職務に専念する義務）

第35条　職員は、法律又は条例に特別の定がある場合を除く外、その勤務時間及び職務上の注意力のすべてをその職責遂行のために用い、当該地方公共団体がなすべき責を有する職務にのみ従事しなければならない。

（政治的行為の制限）

第36条　職員は、政党その他の政治的団体の結成に関与し、若しくはこれらの団体の役員となつてはならず、又はこれらの団体の構成員となるように、若しくはならないように勧誘運動をしてはならない。

② ～ ⑤　（略）

（争議行為等の禁止）

第37条　職員は、地方公共団体の機関が代表する使用者としての住民に対して同盟罷業、怠業その他の争議行為をし、又は地方公共団体の機関の活動能率を低下させる怠業的行為をしてはならない。又、何人も、このような違法な行為を企て、又はその遂行を共謀し、そそのかし、若しくはあおつてはならない。

②　（略）

（営利企業への従事等の制限）

第38条　職員は、任命権者の許可を受けなければ、商業、工業又は金融業その他営利を目的とする私企業（以下この項及び次条第1項において「営利企業」という。）を営むことを目的とする会社その他の団体の役員その他人事委員会規則（人事委員会を置かない地方公共団体においては、地方公共団体の規則）で定める地位を兼ね、若しくは自ら営利企業を営み、又は報酬を得ていかなる事業若しくは事務にも従事してはならない。

②　（略）

教育公務員特例法（抄）

（昭和24年1月12日法律第1号）

第3章　服務

（兼職及び他の事業等の従事）

第17条　教育公務員は、教育に関する他の職を兼ね、又は教育に関する他の事業若しくは事務に従事することが本務の遂行に支障がないと任命権者（地方教育行政の組織及び運営に関する法律第37条第1項に規定する県費負担教職員については、市町村（特別区を含む。以下同じ。）の教育委員会。第23条第2項及び第24条第2項において同じ。）において認める場合には、給与を受け、又は受けないで、その職を兼ね、又はその事業若しくは事務に従事することができる。

②　（略）

（公立学校の教育公務員の政治的行為の制限）

第18条　公立学校の教育公務員の政治的行為の制限については、当分の間、地方公務員法第36条の規定にかかわらず、国家公務員の例による。

②　（略）

第4章　研修

（研修）

第21条　教育公務員は、その職責を遂行するために、絶えず研究と修養に努めなければならない。

②　教育公務員の任命権者は、教育公務員（公立の小学校等の校長及び教員（臨時的に任用された者その他の政令で定める者を除く。以下この章において同じ。）を除く。）の研修について、それに要する施設、研修を奨励するための方途その他研修に関する計画を樹立し、その実施に努めなければならない。

（研修の機会）

第22条　教育公務員には、研修を受ける機会が与えられなければならない。

②　教員は、授業に支障のない限り、本属

長の承認を受けて、勤務場所を離れて研修を行うことができる。

③　教育公務員は、任命権者の定めるところにより、現職のままで、長期にわたる研修を受けることができる。

（初任者研修）

第23条　公立の小学校等の教諭等の任命権者は、当該教諭等（臨時的に任用された者その他の政令で定める者を除く。）に対して、その採用（現に教諭等の職以外の職に任命されている者を教諭等の職に任命する場合を含む。附則第5条第1項において同じ。）の日から一年間の教諭又は保育教諭の職務の遂行に必要な事項に関する実践的な研修（以下「初任者研修」という。）を実施しなければならない。

②～③　（略）

（中堅教諭等資質向上研修）

第24条　公立の小学校等の教諭等（臨時的に任用された者その他の政令で定める者を除く。以下この項において同じ。）の任命権者は、当該教諭等に対して、個々の能力、適性等に応じて、公立の小学校等における教育に関し相当の経験を有し、その教育活動その他の学校運営の円滑かつ効果的な実施において中核的な役割を果たすことが期待される中堅教諭等としての職務を遂行する上で必要とされる資質の向上を図るために必要な事項に関する研修（以下「中堅教諭等資質向上研修」という。）を実施しなければならない。

②　（略）

（指導改善研修）

第25条　公立の小学校等の教諭等の任命権者は、児童、生徒又は幼児（以下「児童等」という。）に対する指導が不適切であると認定した教諭等に対して、その能力、適性等に応じて、当該指導の改善を図るために必要な事項に関する研修（以下「指導改善研修」という。）を実施しなければならない。

②～⑦　（略）

地方教育行政の組織及び運営に関する法律（抄）

　　　　（昭和31年6月30日法律第162号）

第1章　総則

（総合教育会議）

第1条の4　地方公共団体の長は、大綱の策定に関する協議及び次に掲げる事項についての協議並びにこれらに関する次項各号に掲げる構成員の事務の調整を行うため、総合教育会議を設けるものとする。

一　教育を行うための諸条件の整備その他の地域の実情に応じた教育、学術及び文化の振興を図るため重点的に講ずべき施策

二　児童、生徒等の生命又は身体に現に被害が生じ、又はまさに被害が生ずるおそれがあると見込まれる場合等の緊急の場合に講ずべき措置

②　総合教育会議は、次に掲げる者をもって構成する。

一　地方公共団体の長

二　教育委員会

③　総合教育会議は、地方公共団体の長が招集する。

④　教育委員会は、その権限に属する事務に関して協議する必要があると思料するときは、地方公共団体の長に対し、協議すべき具体的事項を示して、総合教育会

議の招集を求めることができる。
⑤～⑨　（略）

第2章　教育委員会の設置及び組織
第1節　教育委員会の設置、教育長及び委員並びに会議
（設置）
第2条　都道府県、市（特別区を含む。以下同じ。）町村及び第21条に規定する事務の全部又は一部を処理する地方公共団体の組合に教育委員会を置く。
（組織）
第3条　教育委員会は、教育長及び四人の委員をもって組織する。ただし、条例で定めるところにより、都道府県若しくは市又は地方公共団体の組合のうち都道府県若しくは市が加入するものの教育委員会にあつては教育長及び五人以上の委員、町村又は地方公共団体の組合のうち町村のみが加入するものの教育委員会にあつては教育長及び二人以上の委員をもって組織することができる。
（任命）
第4条　教育長は、当該地方公共団体の長の被選挙権を有する者で、人格が高潔で、教育行政に関し識見を有するもののうちから、地方公共団体の長が、議会の同意を得て、任命する。
②　委員は、当該地方公共団体の長の被選挙権を有する者で、人格が高潔で、教育、学術及び文化（以下単に「教育」という。）に関し識見を有するもののうちから、地方公共団体の長が、議会の同意を得て、任命する。
③～⑤　（略）
（任期）
第5条　教育長の任期は三年とし、委員の任期は四年とする。ただし、補欠の教育長又は委員の任期は、前任者の残任期間とする。
②　教育長及び委員は、再任されることができる。

第4章　教育機関
第4節　学校運営協議会
第47条の6　教育委員会は、教育委員会規則で定めるところにより、その所管に属する学校ごとに、当該学校の運営及び当該運営への必要な支援に関して協議する機関として、学校運営協議会を置くように努めなければならない。ただし、二以上の学校の運営に関し相互に密接な連携を図る必要がある場合として文部科学省令で定める場合には、二以上の学校について一の学校運営協議会を置くことができる。
②　学校運営協議会の委員は、次に掲げる者について、教育委員会が任命する。
一　対象学校（当該学校運営協議会が、その運営及び当該運営への必要な支援に関して協議する学校をいう。以下この条において同じ。）の所在する地域の住民
二　対象学校に在籍する生徒、児童又は幼児の保護者
三　社会教育法第9条の7第1項に規定する地域学校協働活動推進員その他の対象学校の運営に資する活動を行う者
四　その他当該教育委員会が必要と認める者
③　対象学校の校長は、前項の委員の任命に関する意見を教育委員会に申し出ることができる。
④　対象学校の校長は、当該対象学校の運

営に関して、教育課程の編成その他教育委員会規則で定める事項について基本的な方針を作成し、当該対象学校の学校運営協議会の承認を得なければならない。
⑤ 学校運営協議会は、前項に規定する基本的な方針に基づく対象学校の運営及び当該運営への必要な支援に関し、対象学校の所在する地域の住民、対象学校に在籍する生徒、児童又は幼児の保護者その他の関係者の理解を深めるとともに、対象学校とこれらの者との連携及び協力の推進に資するため、対象学校の運営及び当該運営への必要な支援に関する協議の結果に関する情報を積極的に提供するよう努めるものとする。
⑥ 学校運営協議会は、対象学校の運営に関する事項（次項に規定する事項を除く。）について、教育委員会又は校長に対して、意見を述べることができる。
⑦ 学校運営協議会は、対象学校の職員の採用その他の任用に関して教育委員会規則で定める事項について、当該職員の任命権者に対して意見を述べることができる。この場合において、当該職員が県費負担教職員（第55条第1項又は第61条第1項の規定により市町村委員会がその任用に関する事務を行う職員を除く。）であるときは、市町村委員会を経由するものとする。
⑧ 対象学校の職員の任命権者は、当該職員の任用に当たっては、前項の規定により述べられた意見を尊重するものとする。
⑨ 教育委員会は、学校運営協議会の運営が適正を欠くことにより、対象学校の運営に現に支障が生じ、又は生ずるおそれがあると認められる場合においては、当該学校運営協議会の適正な運営を確保す

るために必要な措置を講じなければならない。
⑩ 学校運営協議会の委員の任免の手続及び任期、学校運営協議会の議事の手続その他学校運営協議会の運営に関し必要な事項については、教育委員会規則で定める。

教育職員免許法（抄）

（昭和24年5月31日法律第147号）

第1章　総則
（この法律の目的）
第1条　この法律は、教育職員の免許に関する基準を定め、教育職員の資質の保持と向上を図ることを目的とする。

第2章　免許状
（種類）
第4条　免許状は、普通免許状、特別免許状及び臨時免許状とする。
② 普通免許状は、学校（義務教育学校、中等教育学校及び幼保連携型認定こども園を除く。）の種類ごとの教諭の免許状、養護教諭の免許状及び栄養教諭の免許状とし、それぞれ専修免許状、一種免許状及び二種免許状（高等学校教諭の免許状にあつては、専修免許状及び一種免許状）に区分する。
③ 特別免許状は、学校（幼稚園、義務教育学校、中等教育学校及び幼保連携型認定こども園を除く。）の種類ごとの教諭の免許状とする。
④ 臨時免許状は、学校（義務教育学校、中等教育学校及び幼保連携型認定こども園を除く。）の種類ごとの助教諭の免許状及び養護助教諭の免許状とする。

⑤　中学校及び高等学校の教員の普通免許状及び臨時免許状は、次に掲げる各教科について授与するものとする。
　一　中学校の教員にあつては、国語、社会、数学、理科、音楽、美術、保健体育、保健、技術、家庭、職業（職業指導及び職業実習（農業、工業、商業、水産及び商船のうちいずれか一以上の実習とする。以下同じ。）を含む。）、職業指導、職業実習、外国語（英語、ドイツ語、フランス語その他の各外国語に分ける。）及び宗教
　二　高等学校の教員にあつては、国語、地理歴史、公民、数学、理科、音楽、美術、工芸、書道、保健体育、保健、看護、看護実習、家庭、家庭実習、情報、情報実習、農業、農業実習、工業、工業実習、商業、商業実習、水産、水産実習、福祉、福祉実習、商船、商船実習、職業指導、外国語（英語、ドイツ語、フランス語その他の各外国語に分ける。）及び宗教
⑥　（略）
（免許状更新講習）
第9条の3　免許状更新講習は、大学その他文部科学省令で定める者が、次に掲げる基準に適合することについての文部科学大臣の認定を受けて行う。
　一　講習の内容が、教員の職務の遂行に必要なものとして文部科学省令で定める事項に関する最新の知識技能を修得させるための課程（その一部として行われるものを含む。）であること。
　二　講習の講師が、次のいずれかに該当する者であること。
　　イ　文部科学大臣が第16条の3第4項の政令で定める審議会等に諮問して免許状の授与の所要資格を得させるために適当と認める課程を有する大学において、当該課程を担当する教授、准教授又は講師の職にある者
　　ロ　イに掲げる者に準ずるものとして文部科学省令で定める者
　三　講習の課程の修了の認定（課程の一部の履修の認定を含む。）が適切に実施されるものであること。
　四　その他文部科学省令で定める要件に適合するものであること。
②～⑦　（略）

児童福祉法（抄）
　　（昭和22年12月12日法律第164号）

第1章　総則
　第二節　定義
第4条　この法律で、児童とは、満十八歳に満たない者をいい、児童を左のように分ける。
　一　乳児　満一歳に満たない者
　二　幼児　満一歳から、小学校就学の始期に達するまでの者
　三　少年　小学校就学の始期から、満十八歳に達するまでの者
②　（略）
第6条の3　この法律で、児童自立生活援助事業とは、次に掲げる者に対しこれらの者が共同生活を営むべき住居における相談その他の日常生活上の援助及び生活指導並びに就業の支援（以下「児童自立生活援助」という。）を行い、あわせて児童自立生活援助の実施を解除された者に対し相談その他の援助を行う事業をいう。
　一　義務教育を終了した児童又は児童以

外の満二十歳に満たない者であつて、措置解除者等（第27条第1項第3号に規定する措置（政令で定めるものに限る。）を解除された者その他政令で定める者をいう。次号において同じ。）であるもの（以下「満二十歳未満義務教育終了児童等」という。）
二　学校教育法第50条に規定する高等学校の生徒、同法第83条に規定する大学の学生その他の厚生労働省令で定める者であつて、満二十歳に達した日から満二十二歳に達する日の属する年度の末日までの間にあるもの（満二十歳に達する日の前日において児童自立生活援助が行われていた満二十歳未満義務教育終了児童等であつたものに限る。）のうち、措置解除者等であるもの（以下「満二十歳以上義務教育終了児童等」という。）

②～⑭　（略）

第3章　事業、養育里親及び養子縁組里親並びに施設

第39条　保育所は、保育を必要とする乳児・幼児を日々保護者の下から通わせて保育を行うことを目的とする施設（利用定員が二十人以上であるものに限り、幼保連携型認定こども園を除く。）とする。

②　保育所は、前項の規定にかかわらず、特に必要があるときは、保育を必要とするその他の児童を日々保護者の下から通わせて保育することができる

いじめ防止対策推進法（抄）
　　　　　（平成25年6月28日法律第71号）

第1章　総則

（定義）

第2条　この法律において「いじめ」とは、児童等に対して、当該児童等が在籍する学校に在籍している等当該児童等と一定の人的関係にある他の児童等が行う心理的又は物理的な影響を与える行為（インターネットを通じて行われるものを含む。）であって、当該行為の対象となった児童等が心身の苦痛を感じているものをいう。

②～④　（略）

（いじめの禁止）

第4条　児童等は、いじめを行ってはならない。

（学校及び学校の教職員の責務）

第8条　学校及び学校の教職員は、基本理念にのっとり、当該学校に在籍する児童等の保護者、地域住民、児童相談所その他の関係者との連携を図りつつ、学校全体でいじめの防止及び早期発見に取り組むとともに、当該学校に在籍する児童等がいじめを受けていると思われるときは、適切かつ迅速にこれに対処する責務を有する。

（保護者の責務等）

第9条　保護者は、子の教育について第一義的責任を有するものであって、その保護する児童等がいじめを行うことのないよう、当該児童等に対し、規範意識を養うための指導その他の必要な指導を行うよう努めるものとする。

②　保護者は、その保護する児童等がいじめを受けた場合には、適切に当該児童等をいじめから保護するものとする。

③　保護者は、国、地方公共団体、学校の設置者及びその設置する学校が講ずるいじめの防止等のための措置に協力するよ

う努めるものとする。
④　第1項の規定は、家庭教育の自主性が尊重されるべきことに変更を加えるものと解してはならず、また、前3項の規定は、いじめの防止等に関する学校の設置者及びその設置する学校の責任を軽減するものと解してはならない。

第3章　基本的施策
（学校におけるいじめの防止）
第15条　学校の設置者及びその設置する学校は、児童等の豊かな情操と道徳心を培い、心の通う対人交流の能力の素地を養うことがいじめの防止に資することを踏まえ、全ての教育活動を通じた道徳教育及び体験活動等の充実を図らなければならない。
②　（略）
（いじめの早期発見のための措置）
第16条　学校の設置者及びその設置する学校は、当該学校におけるいじめを早期に発見するため、当該学校に在籍する児童等に対する定期的な調査その他の必要な措置を講ずるものとする。
②　（略）
③　学校の設置者及びその設置する学校は、当該学校に在籍する児童等及びその保護者並びに当該学校の教職員がいじめに係る相談を行うことができる体制（次項において「相談体制」という。）を整備するものとする。
④　（略）

第4章　いじめの防止等に関する措置
（学校におけるいじめの防止等の対策のための組織）
第22条　学校は、当該学校におけるいじめの防止等に関する措置を実効的に行うため、当該学校の複数の教職員、心理、福祉等に関する専門的な知識を有する者その他の関係者により構成されるいじめの防止等の対策のための組織を置くものとする。
（いじめに対する措置）
第23条　学校の教職員、地方公共団体の職員その他の児童等からの相談に応じる者及び児童等の保護者は、児童等からいじめに係る相談を受けた場合において、いじめの事実があると思われるときは、いじめを受けたと思われる児童等が在籍する学校への通報その他の適切な措置をとるものとする。
②〜⑥（略）
（校長及び教員による懲戒）
第25条　校長及び教員は、当該学校に在籍する児童等がいじめを行っている場合であって教育上必要があると認めるときは、学校教育法第11条の規定に基づき、適切に、当該児童等に対して懲戒を加えるものとする。
（出席停止制度の適切な運用等）
第26条　市町村の教育委員会は、いじめを行った児童等の保護者に対して学校教育法第35条第1項（同法第49条において準用する場合を含む。）の規定に基づき当該児童等の出席停止を命ずる等、いじめを受けた児童等その他の児童等が安心して教育を受けられるようにするために必要な措置を速やかに講ずるものとする。

第5章　重大事態への対処
（学校の設置者又はその設置する学校による対処）

第28条　学校の設置者又はその設置する学校は、次に掲げる場合には、その事態（以下「重大事態」という。）に対処し、及び当該重大事態と同種の事態の発生の防止に資するため、速やかに、当該学校の設置者又はその設置する学校の下に組織を設け、質問票の使用その他の適切な方法により当該重大事態に係る事実関係を明確にするための調査を行うものとする。
　一　いじめにより当該学校に在籍する児童等の生命、心身又は財産に重大な被害が生じた疑いがあると認めるとき。
　二　いじめにより当該学校に在籍する児童等が相当の期間学校を欠席することを余儀なくされている疑いがあると認めるとき。
②～③（略）

第6章　雑則
（学校評価における留意事項）
第34条　学校の評価を行う場合においていじめの防止等のための対策を取り扱うに当たっては、いじめの事実が隠蔽されず、並びにいじめの実態の把握及びいじめに対する措置が適切に行われるよう、いじめの早期発見、いじめの再発を防止するための取組等について適正に評価が行われるようにしなければならない。

義務教育の段階における普通教育に相当する教育の機会の確保等に関する法律（抄）
　　　（平成28年12月14日法律第105号）

第3章　不登校児童生徒等に対する教育機会の確保等
（学校における取組への支援）

第8条　国及び地方公共団体は、全ての児童生徒が豊かな学校生活を送り、安心して教育を受けられるよう、児童生徒と学校の教職員との信頼関係及び児童生徒相互の良好な関係の構築を図るための取組、児童生徒の置かれている環境その他の事情及びその意思を把握するための取組、学校生活上の困難を有する個々の児童生徒の状況に応じた支援その他の学校における取組を支援するために必要な措置を講ずるよう努めるものとする。
（支援の状況等に係る情報の共有の促進等）
第9条　国及び地方公共団体は、不登校児童生徒に対する適切な支援が組織的かつ継続的に行われることとなるよう、不登校児童生徒の状況及び不登校児童生徒に対する支援の状況に係る情報を学校の教職員、心理、福祉等に関する専門的知識を有する者その他の関係者間で共有することを促進するために必要な措置その他の措置を講ずるものとする。
（特別の教育課程に基づく教育を行う学校の整備等）
第10条　国及び地方公共団体は、不登校児童生徒に対しその実態に配慮して特別に編成された教育課程に基づく教育を行う学校の整備及び当該教育を行う学校における教育の充実のために必要な措置を講ずるよう努めるものとする。
（学習支援を行う教育施設の整備等）
第11条　国及び地方公共団体は、不登校児童生徒の学習活動に対する支援を行う公立の教育施設の整備及び当該支援を行う公立の教育施設における教育の充実のために必要な措置を講ずるよう努めるものとする。

（学校以外の場における学習活動の状況等の継続的な把握）

第12条　国及び地方公共団体は、不登校児童生徒が学校以外の場において行う学習活動の状況、不登校児童生徒の心身の状況その他の不登校児童生徒の状況を継続的に把握するために必要な措置を講ずるものとする。

（学校以外の場における学習活動等を行う不登校児童生徒に対する支援）

第13条　国及び地方公共団体は、不登校児童生徒が学校以外の場において行う多様で適切な学習活動の重要性に鑑み、個々の不登校児童生徒の休養の必要性を踏まえ、当該不登校児童生徒の状況に応じた学習活動が行われることとなるよう、当該不登校児童生徒及びその保護者（学校教育法第16条に規定する保護者をいう。）に対する必要な情報の提供、助言その他の支援を行うために必要な措置を講ずるものとする。

索　引

あ 行

アウグスティヌス　21
アカデメイア　20, 34
アクティブ・ラーニング　95
新しい学力　88, 136
アリエス　20, 166, 167
アリストテレス　20, 34
アルクィン　36
イエズス会　40
イエナ・プラン　25
イギリス国教会　39
生きる力　91, 93, 95, 97
育児放棄　147, 148
いじめ　143-146, 150, 162
いじめの重大事態の調査に関するガイドライン　145
いじめ防止対策推進法　144, 145
イスラム帝国（アッバース朝）　41
イソクラテス　20, 34
一条校　15
一人前　170, 174, 176, 179
一人前の大人　10-13, 16, 17, 30, 75, 165, 166, 168, 169, 175, 186, 190, 192
一斉教授法　46, 49
意欲格差社会　180
イリイチ　53, 87
殷　34
インクルージョン　139
隠者の夕暮れ　25
ウイルダースピン　49
ヴォルテール　22
うなずき　159

エミール　23, 25
エルヴェシウス　22
オーウェン　45
教え込み　26
教えること（教え・教え行動）　183-191
大人　9
小原国芳　26
オペラント条件づけ　170
親方　37

か 行

カール大帝　36
外国語活動　94, 96
改正教育令（英）　51
開放制　127
カウンセリング　159
課外活動　151
科学革命　42
学芸員　119
学習（学び）　11-13, 15-17, 167, 169-173, 175-180, 183-191
学習権　102
学習指導要領　14, 77, 113
学制　62, 143
学年制　49
学問の自由　103, 106
学力低下　81, 93
隠れたカリキュラム（ヒドゥン・カリキュラム）　14, 176, 179
学級がうまく機能しない状況　149, 153-156
学級経営研究会　153

219

学級経営をめぐる問題の現状とその対応──関係者間の信頼と連携による魅力ある学級づくり　153
学級制　49
学級担任　154
学級崩壊　143, 153, 155, 158, 162
学校　10, 14, 15, 20, 33, 165, 176-180, 183, 188
学校運営協議会　141
「学校化」した社会　53
学校教育　106, 143
学校教育法　15, 77, 92, 109, 151
学校教育法施行規則の一部を改正する省令の施行等について　148
学校行事　157
学校評価　140
学校復帰　149
学校保健安全法　110
学校令　63
活版印刷技術　40
家庭教育　106
課程主義　110
家庭訪問　157
紙　40
カリキュラム・マネジメント　95
カルヴァン派　39
カロリング朝フランク王国　36
カント　19, 26, 27, 30, 31
管理教育　28
キケロ　35
技術論（手工業）的モデル　27
ギゾー　51
義務教育　102, 110, 125
義務教育学校　15, 111, 112
義務教育制度　61, 63
義務教育の完全無償化　51
義務教育の無償　126

義務教育の無償制　64, 102
義務制　15
義務制・中立性・無償制の3原則　51
ギムナジウム　28
ギャラリー式　50
キャリア教育　137
95ヶ条の論題　39
宮廷学校　36
旧約聖書　21, 26
教育　9, 13, 16, 17, 165-167, 180, 181, 183, 184, 189-192
教育委員　132
教育委員会　78, 120, 131
教育学　27, 44
教育課程　14, 75
教育課程外　161
教育課程の現代化　84
教育観　24, 27-31
教育基本法　10-12, 77, 92, 104
教育行政　108
教育権　124
教育公務員特例法　110
教育職員免許状　127
教育職員免許法　110
教育相談　158
教育長　133
教育勅語（教育ニ関スル勅語）　71, 104
教育の概念　167
教育の概念規定　9
教育の可能性　29
教育の必要性　30, 31
教育（の）目的　10, 11, 24
教育（の）目標　14, 30
教育万能論　22
教育令　63
教育を受ける権利　101, 102, 124

教員　143, 151, 156, 158
教員採用試験　15
教員の資格　109
教員の多忙化　161
教員免許　15
教員免許制度　68
教科書　71
共感　157-159
郷校（郷学）　60
教師　10, 14, 15, 153, 155, 157, 159, 162, 177, 188-190
教師の権威　153
教授学　44
教職課程　14, 157
教職大学院　130
協働　116
ギリガン　188
キリスト教　35
ギルド　37
キルパトリック　25
近代国家　46
クィンティリアヌス　35
グーテンベルク　40
グラッドストン　51
グラマースクール　28
くりかえし　159
クレーマー　156, 158
訓練　26, 27
ケア　188-192
ケイ　25
形式陶冶　28
形而上学　37
傾聴　157-159
系統性　81, 82
啓蒙　25, 27
啓蒙とは何か　27
ケーラー　170

ゲーレン　30
欠陥生物　30
原罪説　21, 22
現在長期間学校を休んでいる児童生徒の状況等に関する調査結果とその対応について　148
顕在的カリキュラム　14
研修　106, 128
コア・カリキュラム　80
公教育（公の教育）　14, 38, 184, 190-192
甲骨文字　34
高等学校　15, 112
高等教育　37
高等専門学校　15, 113
公民館　116, 117
公民館主事　118
公立学校　162
後漢　34
黒板　48
国民学校　73
国民国家　45
心のサイン　145
心の専門家　148
個人教授　46
個人内評価　136
国家　20
子供　9, 10, 12, 13, 16, 17, 19, 20, 22-28, 30, 31, 165-167, 169, 175-181, 183-190, 192
子供観　29
子供中心主義　23, 72, 79-81
コミュニティ・スクール　141
コメニウス　21, 22, 44
顧問　161
今後の不登校への対応の在り方について　148

221

コンドルセ　45
コンプライアンス（法令遵守）　151

さ　行

三学　37
産業革命　38
30年戦争　40
三大発明　42
三圃制　37
司教座聖堂学校　36
司教座聖堂教会　36
私語　153
試行錯誤　172
自己教育力　89, 91, 95
自殺　143, 145
私塾　60
司書　118
自然人　23, 24
自然の教育　23, 24
七月王政　51
実質陶冶　28
指導　23, 28
児童・生徒　14
児童虐待　148
児童生徒の問題行動等生徒指導上の諸問題に関する調査　143, 146
児童相談所　148
児童の権利に関する条約　26
児童の世紀　25
児童福祉法　103
指導要録　149
指導力不足　154
師範学校　67
事物の教育　23
市民社会　22, 30
社会　11-13, 16, 17
社会化　30, 31

社会教育　43, 107, 114
社会教育委員　116
社会教育施設　115
社会教育主事　116
社会教育法　113, 114, 117
社会的学習　170
社会的自立　148, 149
社会的排除　149
社会的包摂　149
ジャクソン　176
就学義務　64, 110
就学前教育　156
宗教改革　21, 28, 38
宗教的慈善学校　43
修辞学校　20, 34
十字軍　37
自由七科　20, 37
習熟度別　49
修身　71, 79
集団に準拠した評価（いわゆる相対評価）　135
自由党　51
修道院　36
修道院学校　36
主権者教育　103
主体的・対話的で深い学び　95
出席扱い　149
受容　159
荀子　26
小1プロブレム　156
生涯学習　20, 88
生涯学習振興法　119
障害児教育　69
唱歌学校　37
小学校　15, 111
商業ルネサンス　37
状況論的な学習　174

消極教育　24, 27, 29, 31
条件づけ　170
情緒的混乱　147
昌平坂学問所　59
職業教育　37
職人　37
贖宥状（免罪符）　39
初等教育　37
初等教育法（仏）　51
初等教育令（英）　51
初等中等教育局　148
自立活動　139
自律的な行為主体　13, 17, 176, 177, 184, 187-189
神学　37
新教育運動　25, 26, 28, 72
新約聖書　21, 23
進路相談　157
スキナー　170
スクールカウンセラー　148
スコレー　34
スパルタ教育　27
スプートニク・ショック　81
3 R's　49
政治学　20
政治教育　107
聖書　39
聖職者養成学校　36
正当行為　152
正統的周辺参加　174, 177
正当防衛　152
生徒指導　143
生徒指導提要　145
生徒に対する体罰禁止に関する教師の心得　150
整理　157-159
世界図絵　44

石板　48
積極教育　27-29, 31
全国公学校協会　51
潜在的カリキュラム　14
全人教育　26
総合的な学習の時間　92
ソクラテス　171

た　行

大学　15, 38, 113
大教授学　22, 44
第二帝政　51
体罰　143, 149-152, 158, 162
タラス河畔の戦い　41
小さい大人　167, 168
チーム学校　134
チームワーク　158
中学校　15, 111, 112
中学校学習指導要領　160
中世ヨーロッパ　36
中等教育　37
中等教育学校　15, 112
中立制　15
懲戒　150, 151
調和と統一　84
直観教授・労作教育　45
通級による指導　139
詰め込み教育（詰め込み）　23, 28
デーム・スクール　42
デューイ　72, 79
寺子屋　58, 71
天智天皇　34
唐　41
統一学校運動　52
登校拒否　146
洞察　170
道徳の時間　82, 96

陶冶　28
特別活動　86
特別支援学級　139
特別支援学校　15, 112, 139
特別支援学校制　113
特別支援教育　139
特別の教科 道徳（道徳科）　96
図書館　118
図書館法　113, 117, 118
徒弟　37, 174
トマセロ　172
ドルトン・プラン　25

な 行

仲間集団（仲間）　173, 175, 178-180
ナポレオン3世　51
日曜学校運動　43
日本国憲法　99, 100
人間形成　10-13, 15, 16, 165-169, 173-176, 180, 183, 185-192
人間知性論　22
人間の教育　23, 25
認知件数　144, 146
認定こども園　113
認定就学者制度　139
ネグレクト　148
能力　102
ノーマライゼーション　139

は 行

パーカースト　25
博物館　118, 119
博物館法　113, 117-119
バズ学習　178
パスカル　28
発見学習　178
発達　11, 12, 16, 17, 179, 184, 188

パノプティコン（一望監視システム）　47
パピルス　40
原ひろ子　168
ハリス　175
パリ大学　38
藩校（藩学）　59, 71
バンデューラ　170
評価　149
フーコー　47
フェリー法　52
部活動　143, 151, 156, 160-162
複線型学校制度　52
富国強兵　46
普通教育　102, 110
不登校　111, 143, 146-149, 162
不登校児童生徒が自宅においてIT等を活用した学習活動を行った場合の指導要録上の出欠の取扱い等について　148
不登校生徒に関する追跡調査研究会　149
不登校に関する実態調査——平成18年度不登校生徒に関する追跡調査報告書　149
不登校問題に関する調査研究協力者会議報告　148
プラトン　20, 34
フランス革命　45
ブルーナー　178
ブルデュー　191
フレーベル　25, 45, 70
ブレツィンカ　187
プログラム学習　170
プロジェクト・メソッド　25
プロテスタント　39
文化　11-13, 16, 17, 24, 30, 31, 167-

索　引

176, 178, 180, 181, 189
分岐型学校制度　52
ペーターゼン　25
ペスタロッチー　25, 44, 71
ヘヤー・インディアン　168, 169
ベル　47
ペルガモン王国　40
ヘルバルト　45
ベンサム　47
弁論家の教育　35
保育　167
保育園　156
放任　23, 28
暴力行為　150
保護者　157
保護者参観　157
保護者対応　143, 156, 157, 162
ホモ・エドゥカンドゥス　19, 22, 29, 30, 33, 165
ボローニャ大学　38
本能　171

ま　行

マサチューセッツ州　52
学びの共同体　181
民衆教育　37
無償制　15, 64, 103
免許状主義　127
孟子（孟軻）　34
目標　11
目標に準拠した評価（いわゆる絶対評価）　135
モニター（助教）　47
モニトリアル・システム　46
模倣　172
模倣学習　173-176
森有礼　63

モンスターペアレント　156-159
問題行動を起こす児童生徒に対する指導について　151
モンテッソーリ　25
モンテッソーリ・メソッド　25
文部科学省　14, 131, 144, 151

や　行

「野生児」の記録　29
有機体論的モデル　24
有形無形の場　14, 15
ゆとり　23, 86, 91, 94
幼児教育　43, 70
養成　106
幼稚園　15, 25, 156
羊皮紙　40
四科　37
四段階教授法　45

ら　行

ランカシャー公学校協会　51
ランカスター　47
ラングラン　88
履修主義　110
リセ　28
利他的（利他的な思い）　12, 13, 185, 187-189
リット　28
リュケイオン　34
臨床心理士　148
倫理観　150
ルソー　22, 24-28, 30, 31, 166
ルター　28, 39
ルネサンス　27, 38
レイヴ　174, 177
労働基準法　111
ローマ教皇　39

225

ロック　21, 22

わ　行
ワイマール共和国　52

●執筆者略歴

紺野　祐（こんの　ゆう）
　　昭和42年生まれ
　　東北大学大学院教育学研究科博士後期課程 修了
　　東北学院大学文学部 教授
　　担当：序章・第8章・終章

泉山　靖人（いずみやま　やすと）
　　昭和46年生まれ
　　東北大学大学院教育学研究科博士後期課程 単位取得退学
　　東北学院大学教養学部 准教授
　　担当：第5章

大迫　章史（おおさこ　あきふみ）
　　昭和47年生まれ
　　東北大学大学院教育学研究科博士後期課程 単位取得退学
　　東北学院大学教養学部 准教授
　　担当：第6章1～4

小池　孝範（こいけ　たかのり）
　　昭和48年生まれ
　　東北大学大学院教育学研究科博士後期課程 修了
　　駒澤大学総合教育研究部 教授
　　担当：第1章

清多　英羽（せた　ひでは）
　　昭和48年生まれ
　　東北大学大学院教育学研究科博士後期課程 単位取得退学
　　東北学院大学文学部 准教授
　　担当：序章・第7章

吉植　庄栄（よしうえ　しょうえい）
　　昭和47年生まれ
　　東北大学大学院教育学研究科博士前期課程 修了
　　盛岡大学文学部 准教授
　　担当：第2章

奥井　現理（おくい　げんり）
　　昭和49年生まれ
　　東北大学大学院教育学研究科博士後期課程 単位取得退学
　　飯田女子短期大学家政学科 教授
　　担当：第3章・第4章・第6章5

教育の原理
―子供・学校・社会をみつめなおす―

2019年2月25日　初版第1刷発行
2022年3月25日　初版第2刷発行

著　者　紺野　祐　　泉山靖人　　大迫章史
　　　　小池孝範　　清多英羽　　吉植庄栄
　　　　奥井現理

発行者　高野総太

発行所　株式会社 学術出版会
　　　　〒112-0012　東京都文京区大塚3-8-2
　　　　TEL　03（3947）9153
　　　　http://www.gaku-jutsu.co.jp

発売所　株式会社 日本図書センター
　　　　TEL　03（3947）9387
　　　　http://www.nihontosho.co.jp

印刷・製本　亜細亜印刷 株式会社

ⓒ Yu Konno 2019
ISBN978-4-284-10475-3 C3037　Printed in Japan